La Chèvre, la Corde et l'Herbe au Congo-Zaïre

Du même auteur :

- *Autour du feu* (contes). Kinshasa, Médiaspaul, 1984.
-*La Petite histoire de Nené* (récit). Kinshasa, Médiaspaul, 1985.
-*Les Aventures de Kandolo* (roman). Kinshasa, Médiaspaul, 1987.
- *Cité 15* (roman). Paris, L'Harmattan, 1988.
-*On a échoué* (roman). Kinshasa, Éditions du Trottoir, 1991.
-*Turbulences* (poèmes). Kinshasa-Bruxelles, Éditions du Trottoir, 1992.
-*Le Phénomène Tshisekedi* (essai). Kinshasa-Bruxelles, Éditions du Trottoir, 1994.
- *Bakanja Isidore, vrai Zaïrois, vrai Chrétien* (essai). Kinshasa, Médiaspaul, 1994.
- *Sandruma: On démon-cratise* (nouvelles). Kinshasa-Bruxelles, Éditions du Trottoir, 1994.
- *L'Étang hanté* (récit). Kinshasa, Médiaspaul, 1995.
- *Du pèze sous les acacias* (récit). Kinshasa-Bruxelles, Éditions du Trottoir, 1996.
- *Au taux du jour* (roman). Kinshasa-Bruxelles, Éditions du Trottoir, 1996.
-*En attendant Kabila* (essai). Bruxelles, EPO, 1997.
-*Ici ça va. Récit d'exil*. Bruxelles, Atelier des Écrivains marginaux, 2000.
-*La Fin des haricots. Chronique congolaise.* Paris-Kinshasa, L'Harmattan & Éditions du Trottoir, 2001.

Charles Djungu-Simba K.

LA CHEVRE, LA CORDE ET L'HERBE AU CONGO-ZAIRE

Genèse d'une passion d'écrire

Éditions L'Harmattan
5-7, rue de l'École-Polytechnique
75005 Paris

L'Auteur

Charles Djungu-Simba K., est né le 23 décembre 1953 à Kamituga (Sud-Kivu, RDCongo). Licencié en philologie romane et Agrégé en enseignement moyen du degré supérieur, il a été assistant à l'Université de Lubumbashi (1976-1978) et chef de travaux à l'Institut Pédagogique National de Kinshasa (1983-1997). Depuis 1998, il est chercheur à l'Université d'Anvers (UIA, Belgique).

Charles DJUNGU-SIMBA K. a été journaliste et producteur de programmes culturels à l'Office Zaïrois de Radiodiffusion et Télévision, à Kinshasa, de 1985 à 1997.

Depuis juin 2001, il est accueilli en résidence à Ferney-Voltaire (Ain, France) dans le cadre du programme des Villes Refuges créé par le Parlement International des Écrivains.

ISBN :2-7475-1856-6

À la mémoire de Patrice Emery Lumumba

«Ce pauvre Lumumba a fait au moins autant pour la barbe que pour le Congo…»

Romain Gary, *Chien Blanc* (1970).

« La chèvre broute l'herbe de l'endroit où elle est attachée » (Dicton africain)

Ah, ces histoires congolaises !

Ce que l'on déracine le plus difficilement chez un peuple, ce ne sont pas les fictions qui le conservent, ce sont les mensonges qui l'amusent. (Charles Nodier[1])

Dans les dernières années du règne dictatorial de Mobutu l'histoire suivante était sur toutes les lèvres :

La scène se déroule en Enfer...

Depuis quelques jours, les habitants du quartier céleste le plus proche du lieu de damnation perpétuelle n'arrêtent pas de se plaindre : nuit et jour, leurs voisins maudits font du vacarme ultra infernal au point de les priver de la quiétude à laquelle ils ont droit.

Saisi de la plainte, Saint Pierre institue et envoie en Enfer une mission d'enquête avec l'Archange Michel à sa tête. C'est dans un "No man's land", non loin du lieu-dit "le Purgatoire", que la délégation céleste rencontre Lucifer entouré de ses principaux lieutenants :

- Michel, ne me dis pas que vous vous êtes, vous aussi, rebellés contre le Vieux !

- Que non ! Nous sommes ici parce que vos hommes empêchent les nôtres de dormir là-haut !

---

[1] In *Rêveries*, cité par Pierre Van Den Heuvel : *Parole, mot, silence. Pour une poétique de l'énonciation.* Paris, Jose Corti, 1985, p. 191.

- Nom de Diable ! s'exclame Lucifer. Et dire que moi aussi je m'apprêtais à monter pour me plaindre... Depuis un certain temps, en effet, on m'expédie ici des clients pas très... catholiques ! Ils ne cessent de chanter et de danser ! J'ai beau chauffer la baraque à trente six mille six cent soixante-six degrés, rien ne les perturbe. J'ai fait baisser la température jusqu'à moins trente six mille six cent soixante-six degrés, c'est comme si je leur versais de l'eau tiède. Je les fais fouetter, mais c'est pour les exciter davantage. Non ! Vous comprenez que cette situation ne peut pas continuer ! Il en va de mon autorité. Ou vous m'expédiez des damnés normaux, ou je ferme la boutique. C'est quand même dans la géhenne ici !

Et la délégation céleste se fait présenter le groupe des joyeux lurons. Hommes et femmes, ils sont de tous les âges, trois cents au total, torse nu et toujours en train de chanter et de se trémousser par un froid d'hiver plus que glacial.

- Pouvez-vous nous expliquer le pourquoi de toute cette agitation ? demande l'Archange Michel à celui qui semble être le chef d'orchestre.

- Tout va très bien, lui répond celui-ci. On se faisait à tort beaucoup d'inquiétude sur notre séjour ici, mais tout va à merveille.

- D'où venez-vous ?

- Nous venons du Zaïre. Laissez-nous donc chanter et danser ! S'il y a un service à nous rendre, c'est de vous rendre sur terre et de rassurer nos compatriotes. Dites-leur que l'Enfer n'est pas ce qu'ils croient. Ici, on

est de loin mieux que là-bas...

La gouaillerie des Congolais est extraordinaire. Cet exercice d'autodérision, loin de se réduire à un rite de consolation à connotations fatalitaires, comme le pensent certains, constitue plutôt une manière d'affronter l'adversité, de résister aux puissants, avec la seule arme à leur portée, à savoir la raillerie, la supériorité spirituelle sur la force brutale.

On connaît la rengaine préférée des Kinois pour fustiger la manière dont le défunt président Laurent-Désiré Kabila était venu au pouvoir : « *Chance eloko pamba !* » (littéralement : la chance ne vaut rien!). La chance ne donne droit à aucun mérite et, dans le cas de Kabila, qu'il ne suffit pas de bénéficier d'un heureux concours de circonstances pour être chef, encore faut-il avoir les moyens de son ambition.

Ma préoccupation en rédigeant ce petit ouvrage aura été de chercher à comprendre ce que fut mon parcours au Congo. Non pas que celui-ci ait été extraordinaire ni qu'il soit déjà abouti, mais tout simplement, comme je le dis quelque part, parce qu'il me paraît représentatif de celui de nombreux Congolais de ma génération. Une génération sacrifiée sur l'autel des ambitions mal assumées par des aînés dont la conversion à la modernité aura été plus que douteuse. Une génération, par ailleurs, sans ambitions, timorée et rétive à l'aventure de l'audace, conformiste, opportuniste, bref, exposée à toutes les illusions et manipulations.

Cette rétrospective, j'ai décidé de la faire sous le signe de *la chèvre*. Peut-être parce que je suis moi-même un capricorne ! Sans doute aussi parce que de tous les animaux domestiques, la chèvre est celui qui me paraît le mieux mimer l'humaine condition : par ses gambades et ses caprices, elle fait tout pour ignorer la corde qui l'enchaîne à son destin, auquel elle ne pourra guère échapper, qu'elle coure la prétentaine ou qu'elle se résigne à brouter l'herbe de l'enclos. Il y a surtout le fait que la chèvre est féconde en symboles!

« *La chèvre broute l'herbe de l'endroit où elle est attachée* ». L'esprit du dicton n'a presque plus rien à voir, aujourd'hui, avec sa lettre, c'est-à-dire le sens commun qu'on lui prête. Le propos sentencieux voulait, à l'origine, insister sur les avantages qui seraient naturellement échus à chaque profession[2]. Le chien du roi serait ainsi le roi des chiens. Le cuisinier se nourrirait volontiers dans ses marmites. Le cordonnier se chausserait d'abord lui-même, de même que le médecin s'occuperait avant tout de sa propre santé…

Mais, comme on le sait, la sagesse populaire a un faible irrésistible pour le détournement de sens et le double sens. Et voilà notre chèvre devenue désormais le parangon de tous ceux qui abusent de leurs fonctions pour se livrer à des indélicatesses !

---

[2] À comparer avec l'altruisme prôné par la sagesse populaire occidentale qui trouverait *normal* que le cordonnier soit toujours le plus mal chaussé…

La chèvre broute l'herbe de l'endroit où elle est attachée ! Ce faisant, elle se prive de mille et une surprises de la prairie. En cause, bien sûr, la corde qui l'attache ; mais ne peut-elle pas la briser comme le fit Blanquette, la chèvre de Monsieur Seguin ? Qu'y a-t-il de plus intéressant : croupir toute sa vie enchaîné et mourir esclave ou oser l'aventure de la liberté avec ses risques et périls ?

La chèvre broute l'herbe de l'endroit où elle est attachée ! Combien de fois ai-je entendu mes compatriotes prononcer cette phrase ! Dans la bouche de certains, elle équivalait à une excuse : « Comprenez-moi : je ne puis faire autrement ! » Dans celle des autres, elle prenait les allures d'un défi, d'une provocation à l'endroit des pouvoirs publics : « Vous nous avez privés de tout, ne vous étonnez donc pas de nous voir réduits à nous *servir*[3] nous-mêmes, obligés à vivre de prévarication ! »

Soumission, excuse, défi, provocation, autant de réactions que les *chèvres congolaises* ont eu à manifester tant qu'un semblant d'ordre tenait encore lieu de corde. Puis ce fut la fissure, la pagaille au début des années 1990. Depuis les chèvres se sont éparpillées. Il n'y a plus d'étable. Il n'y a plus de berger.

Cet ouvrage, je l'écris hors du Congo, à l'étranger où je réside actuellement, à l'instar des milliers d'autres Congolais, en majorité des jeunes. La diaspora congolaise constitue aujourd'hui l'une des plus grandes communautés

---

[3] Cf. la devise du M.P.R., le parti de Mobutu : « *Servir et non se servir* ».

africaines en Europe, en Amérique et même en Afrique. C'est de toutes les diasporas africaines celle qui s'adapte le mieux, s'intègre facilement n'importe où et qui a cette étonnante capacité de coloniser véritablement les nouveaux milieux d'accueil. Son principal handicap provient de son investissement quasiment nul dans le monde du travail et du commerce. La mentalité caprine y serait-elle pour quelque chose? Toujours est-il que les conditions d'existence de ses membres sont fort précaires et leur manque d'ancrage sur le plan politique dans les pays d'accueil très manifeste. Par rapport à leur pays, le Congo, cette émigration, même si elle a occasionné quelques retombées économiques[4], se traduit davantage comme un douloureux appauvrissement national : exode de la matière grise[5], déliquescence des écoles, dépeuplement continu des campagnes naguères nourricières des centres urbains, surgissement d'une élite plus affairiste que travailleuse, préoccupée avant tout de créer des ONG ou d'inventer des partis politiques, etc.

Mes amis belges et français s'étonnent toujours lorsque je leur dis que je sais parfaitement reconnaître un Congolais (ex-Zaïrois) parmi cent autres Africains ! Confronté depuis longtemps à toutes sortes de violences et de désordres, le Congolais aura appris très tôt à *se*

---

[4] Le transport en commun dans une ville comme Kinshasa, par exemple, fonctionne encore grâce aux véhicules d'occasion (Combi VW) que des Congolais résidant en Europe expédient au pays.

[5] Lire Bernard Ilunga Kayombo, *Que les meilleurs s'en aillent !* Lubumbashi, Éditions Don Bosco, 2001.

débrouiller, à ne rien attendre du Parti-État (ou État parti ?). Son ingéniosité quasi naturelle le fait démarquer des autres Africains qui ont tendance à s'en remettre à quelque providence. Le Congolais se précipite pour occuper *sa* place dans l'avion. Il est constamment en quête de la faille dans les structures d'organisation de la société où il est censé s'intégrer, de manière à pouvoir se tirer chaque fois d'embarras. Ce qui ne l'empêche pas de souffrir du complexe de "grand frère" vis-à-vis des autres Africains, lui qui vient du pays de tous les superlatifs. Etc.

Comme on le voit, le Congolais, où qu'il évolue, qu'il soit domestiqué ou en divagation, est porté vers le système D. Il s'agit, certes, d'un instinct de survie et de conservation propre à tout être humain, mais le conditionnement historique particulier du Congo-Zaïre a fait qu'au fil du temps cette propension à l'ingéniosité soit devenue une seconde nature chez le Congolais.

Très tôt, en effet, celui-ci a appris à se méfier ou à ruser avec l'État, en tout cas à ne pas compter sur lui. L'État colonial, d'abord, prédateur et violent à souhait, jusqu'à son succédané, l'État néo-colonial: chicotte, portage, récolte du caoutchouc, révoltes, effort de guerre, crise congolaise, sécessions, rébellions, mal zaïrois, transition, pillages, première guerre de libération, seconde guerre de libération, etc. : autant d'étiquettes pour la même réalité faite de violences et de prédations.

L'avènement de l'indépendance a fait découvrir et subir au Congolais la "congolisation", c'est-à-dire le désordre institutionnalisé. La longue dictature de Mobutu a non seulement renoué avec la violence coloniale, mais a engendré une véritable culture d'expédients. Le pouvoir de Kabila est venu ébranler le pouvoir de l'État congolais, lui donner l'estocade. Au règne de l'informel et de la corruption institué par Mobutu ont ainsi succédé le banditisme des chefs de guerre. Plus que jamais l'incurie et la débrouillardise sont devenues pour le Congolais le secret et l'arme de la survie.

Demain, lorsque le pays se relèvera de la crise profonde qui le paralyse aujourd'hui et retrouvera, puisque telle est la volonté unanime des Congolais, son unité, il ne fait l'ombre d'aucun doute que ce qui paraît actuellement comme davantage de l'habileté à se tirer d'une mauvaise passe pourra constituer un atout majeur dans un État de droit. La débrouillardise laisserait ainsi la place à l'esprit d'initiative et d'entreprise pour de véritables affaires. La chèvre ne se contentera plus seulement de brouter de l'herbe mais donnera aussi du lait, et du lait en abondance…

1
Une histoire de chèvres

Les chèvres que j'ai connues pendant mon enfance n'étaient jamais attachées. Et pourquoi les aurait-on attachées ? Non seulement l'herbe grasse poussait presque partout, mais la nourriture des hommes était aussi abondante. Par ailleurs, les champs où on la récoltait se trouvaient généralement dans la brousse, assez loin des habitations. Et si, malgré tout, le caprice prenait quelque chèvre d'aller brouter les petites cultures aux alentours du village, leur propriétaire, plutôt que de se plaindre, se reprochait de n'avoir pas enclos sa parcelle. Surtout que lui-même pouvait aussi posséder des chèvres en liberté. Alors, à la manière d'autres animaux domestiques comme les poules, les canards et les chiens, on laissait les chèvres divaguer dans le village.

Jusqu'au jour où, à la faveur des insurrections des années 1960, l'on vit de plus en plus *divaguer* dans notre région des hommes en uniformes. Contre les rapines de ces soldats, les villageois n'avaient pas d'autre choix que la brousse et la corde pour protéger leurs chèvres. Les insurrections achevées, le soldat ne partit pas. C'est qu'il lui fallait assumer de nouvelles missions de *maintien d'ordre.* La région, le Bulega, voyait en effet sa population, jusqu'alors assez homogène, non seulement augmenter mais surtout se diversifier de plus en plus avec l'afflux des gens attirés par l'extraction de l'or. D'abord exclusivement réservée depuis de longues années à la seule Minière de

Grands Lacs, cette extraction devint vers la fin des années 1970 pratiquement sauvage, essentiellement à la suite de la décision gouvernementale de libéraliser l'exploitation des matières précieuses [6].

Cette ruée fiévreuse vers l'or s'accompagna vite hélas ! de l'extinction des activités agricoles locales ; et comme pour se venger de l'infidélité des autochtones, le sol du Bulega connu pour sa générosité légendaire devint subitement pauvre, aride. La famine se lisait désormais sur le visage des enfants atteints d'une forme de malnutrition chronique dite *Kwashiorkor* ou encore *Bwaki*. Avec la famine qui sévissait, vint aussi le vol. L'environnement n'était plus guère propice pour les chèvres en divagation, sans corde. Du moins celles qui subsistaient encore...

Dans ma culture, la chèvre constitue un bien précieux. On la mange rarement. Elle est en effet davantage gardée pour intervenir dans les transactions relatives à certaines cérémonies initiatiques et surtout dans la composition de la dot.

Après mes études universitaires à Lubumbashi, au Katanga (1972-1976), et deux premières années d'enseignement dans le Bas-Congo, à Matadi (1976-1978), je suis venu poursuivre ma carrière d'enseignant à Kinshasa où je me suis établi à partir de l'année scolaire

---

[6] Prise en 1982, la décision gouvernementale de libéraliser l'exploitation et la commercialisation des pierres précieuses consacrait plutôt une situation de fait en vigueur depuis un certain temps déjà.

1978-1979. C'est là, dans la capitale congolaise, que j'ai retrouvé la chèvre dans tous ses états !

Elle était vraiment partout : dans les petits et grands marchés, aux carrefours des grands axes routiers menant vers les deux provinces alentour du Bas-Congo et du Bandundu, aux abords des bâtiments de la Fonction publique, dans la cour intérieure des villas cossues de Binza où leurs bêlements rivalisaient avec les musiques tonitruantes des fêtards perpétuels, sur les rôtissoires à côté des *nganda*, ces brasseries intarissables à l'abri des auvents ou sous des paillotes en chaume qui pullulent à Kinshasa.

Elle intervenait en tout. L'espèce la plus courante était naine et provenait de Bandundu où le petit peuple l'avait carrément surnommée « l'Intellectuelle », parce que, grâce à elle, n'importe quel problème trouvait solution. Un fonctionnaire aspirait-il à une promotion ? Une chèvre au Secrétaire Général de son administration, et notre fonctionnaire d'huissier passait au grade de chef de bureau. Un procès risquait-il de mal tourner ? Une chèvre, de préférence un bouc, pour le juge et la cause était entendue. Le salaire d'un enseignant ou d'un fonctionnaire venait-il d'être *bloqué* ? Vite une rapide descente à Kinshasa, au Service Informatique de Paie, avec de préférence deux chèvres dont l'une pour le « chef » et l'autre pour l'agent « qui était assis sur le dossier », et voilà la situation *débloquée* le mois qui suivait, avec *rappel*, c'est-à-dire les arriérés.

Avant de reprendre la craie, j'ai eu à œuvrer

presque pendant deux ans comme *enseignant assis* dans l'administration nationale, à la Gestion du Personnel de l'Enseignement Primaire et Secondaire. Le bureau que je dirigeais s'occupait des enseignants de Bandundu et, bien sûr, de leurs chèvres ! Notre tâche consistait à vérifier la régularité de toutes les mises en place de différents établissements, c'est-à-dire le nombre du personnel enseignant et administratif requis, leurs qualifications, leurs grades, anciennetés et compositions familiales et préparer les situations de paie ad hoc que nous introduisions auprès du fameux Service Informatique de Paie du Ministère des Finances. En principe, toute réclamation ou régularisation devait passer par nos services, cependant il arrivait souvent que des gestionnaires d'écoles ou carrément des enseignants eux-mêmes s'arrangent pour nous ignorer en allant *traiter* directement avec les Informaticiens. C'était là prendre des risques énormes de représailles mais les malheureux, parfois venus du fin fond de l'immense pays, réduisaient ainsi la liste des gens à corrompre et contournaient d'incroyables lenteurs bureaucratiques. Très souvent, en effet, des enseignants régulièrement engagés pouvaient attendre une ou deux années, voire plus, avant de percevoir leur premier traitement. Lequel, mécanisé, pouvait *par la faute des ordinateurs* être aussitôt bloqué ! Heureusement que les *Intellectuelles* étaient là...

Des années plus tard, toujours à Kinshasa, lorsqu'il apparut pour tout le monde que notre microcosme politique n'était guère différent d'une jungle, un personnage de cirque, dont la bonhomie rappelait Khrouchtchev à maints égards, défrayait la chronique dans la faune de Binza[7]. Alors que ses compères s'entichaient de sobriquets tous plus guerriers les uns que les autres, voire matamoresques, du genre : "Unique-Coq-du-poulailler" ; "Aigle-volant-si-loin-et-qui-se-moque-de-la-bave-du crapaud" ; "Léopard mâle" ; etc., lui se faisait tout simplement appeler *Koda Kombo*, littéralement "cou de chèvre", pour signifier le destin d'un homme habitué à être enchaîné, au propre comme au figuré.

En effet, au propre, notre homme connaissait bien les geôles du pays où sa participation avérée ou supposée à tous les complots politiques vrais ou imaginaires qui avaient émaillé la scène politique congolaise depuis l'indépendance l'avait plusieurs fois amené. Au figuré, *Koda Kombo* alias Bernardin Mungul-Diaka, vrai jouisseur devant l'Éternel, ne se faisait point prier pour brouter l'herbe - toute l'herbe et davantage, prétendaient ses détracteurs - là où il lui arriva d'être attaché : directeur de cabinet du Premier Ministre Lumumba, ambassadeur, ministre, Premier ministre, ministre d'État, maire-gouverneur de la ville de Kinshasa, il se vantait d'être *l'homme des situations difficiles* mais dont on se débarrasse aussitôt que la bourrasque est passée...

Koda Kombo plaisait bien aux Kinois, le peuple de la capitale congolaise ; sa bouffonnerie, cependant, ne

---

[7] Quartier chic de Kinshasa connu pour ses villas cossues, véritable repaire de toute la bourgeoise politique et d'affaires du pays.

trompait personne : on avait bien compris qu'il s'en servait pour dire subrepticement les choses que les autres animaux malades de la politique - en fait, tous des *Koda Kombo* qui s'ignoraient ! - ne pouvaient dire. Et toujours cette astuce d'associer son auditoire à ses révélations et à ses dénonciations. Jamais, en effet, *Ya*[8] Mungul ne terminait ses phrases et ce qu'il ne pouvait dire, il le mimait.

[8] *Ya* ou *Yaya* pour dire "Grand Frère"

On retrouve là, bien sûr, l'un des traits caractéristiques majeurs de la pensée bantoue qui aime s'exprimer par détours, par allusions. C'est tout le secret de la palabre et, d'une certaine manière, une modalité bien littéraire de s'exprimer. En recourant constamment au symbolisme animal pour désigner les êtres et les choses, le Congolais donne une saveur particulière à ce type de discours. Il n'y a qu'à analyser, pour s'en convaincre, le langage en vigueur dans le microcosme politique congolais présenté comme une véritable faune vivante...

2

En transit

1976. Campus universitaire de Lubumbashi. Nous sommes une vingtaine d'étudiants qui achevons la licence en lettres françaises. Une moitié a suivi l'option Linguistique et l'autre moitié, la mienne, l'option Littérature. Une ombre plane cependant sur notre tableau de chasse : personne parmi nous n'a été reçu avec la mention distinction. Nous nous y attendions un peu : perpétuellement en déplacement à travers le monde, notre professeur de lexicologie n'a presque jamais assuré son enseignement. Et c'est seulement à quelques semaines du début de la session qu'il nous confectionne une énorme brique à potasser. Que faire ? La lexicologie fait partie des matières maîtresses de notre cursus, mais c'est loin de ressembler à une leçon de catéchèse. Quant au professeur, c'est une célébrité, un monument scientifique de notre université : grand écrivain, visiteur dans plusieurs universités étrangères, ancien doyen, etc. Nous ne pouvons que maugréer, fulminer et encaisser.

Décidée en 1969, la suppression des universités de Kisangani, de Kinshasa et de Lubumbashi ainsi que le regroupement de leurs facultés en trois campus relevant d'une seule université, l'Université nationale du Zaïre, avait certes précipité la détérioration des conditions de travail de nos enseignants. Néanmoins, en 1976, ceux-ci étaient encore et toujours des «Grands Messieurs», consciencieux et honnêtes. Un bon nombre d'entre eux étaient d'ailleurs des coopérants expatriés. Jamais donc, comme cela sera courant deux ou trois années plus tard, il ne nous serait venu à l'idée de les approcher pour leur conter chevrette !

L'examen, à l'oral, est une hécatombe. Conséquence: aucun d'entre nous n'est sollicité pour l'assistanat au sein de la faculté. Pourtant, les textes réglementaires - c'est vrai qu'on les modifiait un peu trop fréquemment - prévoyaient qu'à défaut de la mention distinction en dernière année, le candidat assistant pouvait se prévaloir de deux mentions glanées tout au long du cycle[9] qui s'étalait alors sur quatre années : deux de graduat, anciennement candidature, et deux de licence. Comme j'avais « distingué » à deux reprises, respectivement à l'issue du deuxième graduat et de la première licence, je pus me faire accepter comme assistant dans une unité de recherche, le Centre d'étude des littératures africaines (CELA) rattaché à la Faculté des Lettres, avec espoir de revenir plus tard au sein de la faculté même. C'était sans compter avec le Service Informatique de Paie de Kinshasa.

Après d'inoubliables vacances passées dans le Bulega et au cours desquelles les miens ne se privèrent point de fêter mon diplôme de licence dans lequel ils in-

---

[9] A partir de l'année académique 1977-1978, le graduat était *professionnalisé*, devenait en fait un cycle autonome d'une durée de trois années.

vestissaient tous leurs espoirs, je dus rejoindre en octobre 1976 mon poste de travail à Lubumbashi.

Pendant deux mois, je recevrais sous forme d'avance l'intégralité de mon salaire d'assistant de recherche, et ce en attendant la régularisation de ma situation à partir de la capitale.

Puis, un beau matin, le couperet tomba sous la forme d'une circulaire adressée à tous les nouveaux engagés : des difficultés de trésorerie ne permettant plus à l'université de nous octroyer des avances, nous étions invités à attendre à domicile la régularisation de nos situations salariales respectives. A moins de continuer de travailler bénévolement. Seuls étaient épargnés nos amis qui étaient retenus dans l'enseignement.

Un lycée[10] de Matadi appartenant à la Congrégation des Sœurs de Gand recherchait pour ses élèves des classes terminales un enseignant de français, licencié en lettres, et s'engageait à lui offrir d'excellentes conditions de logement et de travail. Des offres semblables, je pouvais en trouver aussi sur place, à Lubumbashi ou dans la région, mais je décidai de partir. J'avais envie de changer d'air. Et puis les frais de voyage étaient à la charge du Ministère de l'Éducation...

S'il n'y avait pas de port à Matadi, personne n'y vivrait, vraisemblablement. Le sol rocheux et le relief très

---

[10] Dans la terminologie congolaise, le *lycée* dispense l'enseignement secondaire général pour jeunes filles tandis que pour les garçons, c'est *l'institut* ou le *collège*.

montagneux rendent la construction des maisons difficile. Mais ce port dont s'enorgueillissent tant les Matadiens, ils n'en sont que les gardiens. Les vrais maîtres sont à Kinshasa. Nuit et jour, le train ou de gros camions emportent les marchandises vers la capitale. C'est de là que s'effectue le ravitaillement des Matadiens. Il y a, bien sûr, comme dans tous les ports, les produits de contrebande subtilisés dans les entrepôts par quelques douaniers indélicats et d'autres articles que parviennent à arracher sur les navires en rade des jeunes gens, fort audacieux. On les appelle les *Bana-mayi,* les enfants de l'eau, parce qu'ils opèrent en nageant à partir de la berge du fleuve, près d'un endroit particulièrement dangereux, surnommé le *chaudron de la mort.* Un article très prisé ici, c'est la serviette contre la sueur. Les Matadiens transpirent beaucoup car, comme ils le disent avec humour, où qu'ils aillent dans leur petite ville, ils doivent conjuguer deux verbes : monter et descendre.

Comme à Lubumbashi, je vais me retrouver ici aussi otage du système sophistiqué et pernicieux de paie des agents et fonctionnaires de l'État. Toujours ces ordinateurs manipulés à Kinshasa ! Le Coordinateur des écoles diocésaines catholiques, le Préfet ou le Proviseur du lycée auront beau effectuer de multiples descentes sur la capitale, aucun miracle ne s'opérera pour nous, les impayés. Lorsque mes chefs finiront enfin par comprendre qu'ils oubliaient chaque fois de se faire accompagner par un petit animal marchant à quatre pattes et dont la barbichette n'inspirait que respect, je ne pouvais plus continuer de monter et descendre.

Ma situation fut régularisée juste au moment où je m'apprêtais à partir pour Kinshasa. Pendant un trimestre, le lycée de Matadi va continuer de toucher une bonne partie de mes *rappels* afin de récupérer les avances perçues. Le reste des arriérés me parvenait à mon nouveau poste, le Lycée Sacré-Cœur de Kinshasa où j'étais officiellement en transit. Las d'attendre d'être rappelé à Lubumbashi, j'avais sollicité un poste d'assistant à l'Institut Supérieur Pédagogique de Gombe. Faute de disponibilité, l'on me pria d'attendre en occupant la place de celle qui dispensait le cours de français dans les classes terminales du lycée et qui venait de passer à l'Institut comme assistante. Ce lycée que fréquentaient les filles de la plupart des grosses légumes de Kinshasa, se trouve juste à côté des Ministères des Affaires étrangères et de l'Éducation nationale, et presque dans le même enclos que l'Institut Supérieur Pédagogique dont il faisait office d'école d'application.

A Kinshasa, le problème du salaire ne se posa plus parce que ma situation, désormais régularisée, ne tarda pas à être transférée dans ma nouvelle école. C'est de mes élèves que me vinrent mes ennuis. Ou plutôt de leurs parents.

J'enseignais depuis plus d'un mois dans ce lycée lorsque la Préfète me convoqua dans son bureau. C'était une demoiselle consacrée, de nationalité belge, qui avait fait comme moi une licence en lettres. Elle m'avoua sans ambages que ma façon d'enseigner et mon comportement l'avaient beaucoup impressionnée. Et surtout qu'elle n'était pas la seule à faire ce constat élogieux. Très confus, je tentai de la mettre en garde contre des jugements par trop prématurés, mais elle balaya d'un revers de la main mon scrupule. Elle me révéla qu'elle s'était bien renseignée sur mon compte auprès des religieuses de Matadi, ses compatriotes. Tout en l'écoutant, je me demandais où elle voulait bien en venir.

- J'ai remarqué que vous avez des difficultés le matin pour atteindre le lycée à temps. Nous avons deux studios à l'étage dont l'un est occupé par la surveillante de l'internat, l'autre est libre. Si vous n'y voyez pas d'inconvénient, je peux le faire aménager pour vous.

- Merci beaucoup ; cela m'arrangerait bien sûr. Mais avez-vous oublié que je suis célibataire ?

- Et alors ?

- Vous logez bien des filles là-bas, non ?

- Et qu'est-ce que vous comptez leur faire ?

- Moi ? rien. Mais les gens risquent de trop jaser...

- Oh ! pour ça, ils ne vous ont pas attendu ! De toutes les façons, elles ne sont pas au couvent ici. Les week-ends, sauf exception, elles sont tenues de rentrer chez elles. Pendant la semaine, la surveillante essaie de les encadrer. On ne peut pas faire davantage. C'est à elles de comprendre pourquoi leurs parents ont accepté de les placer ici. Moi, je vous fais confiance...

La première année, il ne se passa rien. Ou presque. J'étais alors ou trop zélé ou trop naïf pour ne pas voir que mon comportement de “Croix-Rouge”, comme on disait, ne plaisait pas à tout le monde. J'étais, en outre, devenu la bête noire de bien des élèves qui s'étonnaient publiquement de ne pas avoir de bons résultats en français, cette langue qu'elles prétendaient parler chez elles depuis leur plus tendre enfance. C'était la première fois que pareille mésaventure leur arrivait, et cela, pestaient-elles, par la mauvaise foi d'un petit professeur, prétentieux et vaniteux. D'autres élèves essayaient de passer par des collègues plutôt complaisants pour m'amadouer, voire me soudoyer. En réservant à ceux-ci une fin de non-recevoir, je m'en faisais des ennemis.

Par ailleurs, lors de l'évaluation trimestrielle à laquelle l'école conviait les parents, certains parmi ceux-ci n'hésitaient pas à faire des libéralités aux enseignants afin, disaient-ils, de nous encourager. Nos salaires, c'était connu même de nos élèves, étaient de misère, vraiment des «ça l'air», comme on disait. Je revois encore ce vieux monsieur, maire-adjoint de l'une des communes de Kinshasa, en train de m'indiquer comment le rejoindre dans sa ferme, le week-end qui venait, afin d'y retirer volailles et œufs. Ou cet autre, aux doigts boudinés et bagués d'or, qui voulait me remettre une grosse enveloppe fermée dans laquelle, affirmait-il avec tout le sérieux du monde, il n'y avait que ses cartes de visite. Et cet autre, enfin, qui, par l'intermédiaire de sa fille, nous fit parvenir le lendemain, à moi ainsi qu'à deux collègues, des enveloppes. Je remis la mienne à la Préfète et la mis également au courant de ces sollicitations indélicates.

3

Persona non grata

Dans ce qu'était le Zaïre de Mobutu, il n'y avait pas que les enseignants qui croupissaient dans la misère, qui *saignaient.* Presque toutes les catégories socioprofessionnelles avaient été paupérisées, seulement comme au pays des borgnes et des aveugles, il y avait toujours plus pauvre que soi. On parlait davantage de la misère des enseignants, puisqu'elle apparaissait comme un scandale, un paradoxe : à ceux-là mêmes à qui la société demandait de former sa jeunesse, c'est-à-dire la garantie de sa perpétuation, cette même société refusait le minimum pour s'assumer dignement.

Il se racontait entre enseignants que si nous étions condamnés à la galère, c'était parce que des collègues avaient, au cours d'une des multiples grèves qu'il y eut sous la longue dictature de Mobutu, proféré des obscénités sur la personne de sa mère. Ce pouvait être un potin. En tous les cas, condamnés ou pas, j'en connaissais qui, pour rien au monde, n'auraient jamais accepté de débarquer de la galère. En effet, au fil des ans, ils avaient littéralement investi la profession, maîtrisé les rouages et les arcanes de la débrouillardise : préceptorat, cumul de postes dans plusieurs établissements, trafic de cotes, monnayage de notes de cours, etc. Ainsi, cet enseignant de chimie en troisième secondaire à l'Institut de la Gombe qui exigeait de chacun de ses élèves comme matériel didactique une bouteille de bière Primus. Lorsqu'on sait que l'institut en question, véritable complexe scolaire, compte avec toutes les sections qu'il organise quinze classes de troisième d'une quarantaine d'élèves chacune, la leçon de chimie vous transforme vite en tenancier !

Le gros du bataillon, malgré tout, menait une vie pénible. Pourquoi ne faites-vous pas autre chose ? vous interrogeait parfois quelque personne naïve qui s'imaginait qu'il existait un lien entre les diplômes universitaires et les bons emplois.

J'eus la chance, pendant cette période, d'être sollicité par le P.-D.G. de l'une des banques privées de la place afin de faire répéter des leçons de français à sa fille. Celle-ci étudiait en France mais pour des raisons qu'on ne me révéla pas, venait d'être rapatriée en pleine année scolaire. Son père s'apprêtait à l'inscrire à l'école française. Il me demanda de la tenir en bride car, comme j'allais m'en rendre moi-même compte, Nicole, la jeune fille, rechignait à tout effort.

Deux fois par semaine, le mardi et le jeudi dans l'après-midi, une voiture, différente chaque fois, venait me chercher et, deux heures plus tard, me ramenait dans l'enceinte du lycée. Ce n'était pas la seule fantaisie que je remarquai chez mon patron. La villa, par exemple, ressemblait à un véritable parc automobile : on pouvait compter jusqu'à cinquante voitures neuves et de toutes les marques qui attendaient, un bon nombre avec des chauffeurs de service en livrée. Je m'efforçais d'ignorer tout ce tralala et de m'appliquer autant que je pouvais à ma tâche. Tous les quinze jours, je recevais ma rétribution. Elle équivalait au bas mot à six mois de mon salaire ! Mais j'avais de plus en plus le sentiment de ne pas mériter ce pactole à cause de mon élève qui n'en finissait point de faire des siennes : si elle ne simulait pas une migraine, elle était partie pour une vingtaine de minutes au petit coin, et perpétuellement appelée au téléphone par ses copines.

Je décidai à la fin d'en parler à son père qui, à ma grande surprise, prit mal la chose :

- Mais je vous paie assez pour me la mater !

- Vous ne voulez quand même pas que je recoure à la bastonnade...

- Comment faites-vous au lycée ? Et moi qui croyais que vous étiez un crack en pédagogie ! On m'aura mal renseigné alors... Puis, après un petit silence, il conclut :

- Non, imposez-vous, cher ami. Imposez-vous ! Je vous donne carte blanche.

Le mardi qui suivit cette entrevue, la voiture qui devait venir me chercher arriva avec une demi-heure de retard. La fille était assise sur le siège de devant, à côté du conducteur.

- C'est ici que vous habitez ou enseignez ? Ç'a l'air triste. Tenez, c'est Papa qui vous envoie ça.

Elle me tendit une grosse enveloppe. Je constatai qu'elle n'arrêtait pas de sourire malicieusement. Je compris pourquoi après avoir lu le carton qui accompagnait la pile de billets de banque : « Cher professeur : Je vous recontacterai plus tard pour Nicole. Veuillez accepter le montant ci-contre à titre d'indemnité. Etc.»

*   *   *

Ma première année au lycée du Sacré-Cœur (1978-1979) s'acheva plutôt bien. Mes élèves avaient fini par se faire à l'idée que le français qu'elles pouvaient parler à la maison était bien différent de celui qu'elles devaient manier dans leurs compositions dont la fameuse dissertation, bête noire de tous les élèves. Malgré tout, je m'étais définitivement fait la réputation d'un maître sévère (elles disaient *méchant*). Quelques élèves trouvaient, par contre, que je prenais un certain plaisir à les faire échouer et l'une d'elles, fille d'une personnalité en vue à l'époque, se permit d'affirmer qu'elles payaient en lieu et place de leurs pères. Au moins aucune n'osait m'accuser de corruption et toutes reconnaissaient que si elles arrivaient à bien travailler, elles recevaient les cotes qu'elles méritaient. Ce qui n'était pas toujours le cas avec certains collègues. Deux ou trois années plus tard, lorsque j'allais me retrouver dans l'enseignement supérieur, des étudiants malintentionnés assimileront ma sévérité à une simple stratégie pour faire monter les enchères...

Ma deuxième année au lycée (1979-1980) fut aussi la dernière. Je pus au moins l'achever sans accroc, jusqu'à la publication, pendant les grandes vacances, des résultats du diplôme d'État, le bac congolais. Ces résultats provoquèrent un véritable séisme chez tous les parents. En effet, cette année-là, il y eut un nombre incroyable de diplômes délivrés avec 50 %. Dans mon lycée, par exemple, toutes les lauréates à une ou deux exceptions près, étaient reçues avec ce pourcentage-là.

On racontait déjà pas mal de choses sur le dos de l'Inspection générale de l'Enseignement primaire et secondaire, notamment sur la façon dont ces épreuves étaient administrées et corrigées, mais cette avalanche de diplômes si généreusement distribués avait tout l'air d'un solde et, pour l'opinion nationale, consacrait la faillite de l'enseignement ou sa médiocrité.

Passé le moment d'effervescence et de désarroi et au lieu d'interpeller les responsables de l'Éducation nationale, l'on se mit à chercher des boucs émissaires. Au Lycée du Sacré-Cœur, cette bête fut vite trouvée : c'était moi ! Un groupe de parents très influents vint s'en prendre vertement à la pauvre préfète, coupable non seulement de couvrir mes lacunes pédagogiques, mais surtout d'avoir osé héberger un loup célibataire près de leurs filles. Ils ne s'arrêtèrent pas là, puisqu'ils allèrent se plaindre également auprès de l'évêque auxiliaire de Kinshasa qui avait autorité sur le secteur de l'enseignement catholique diocésain.

Me voici donc convoqué dans le bureau du prélat, non pour être entendu, mais pour apprendre que je suis mis à la disposition de la Coordination des Écoles conventionnées catholiques, en attendant une nouvelle affectation. Je ne peux m'empêcher de réagir. Ce qui étonne le prélat, habitué à voir ses volontés devinées et exécutées - il faisait déjà signe à son secrétaire d'introduire le prochain visiteur.

- Au lieu de m'affecter ailleurs, je préfère, Monseigneur, que vous me renvoyiez simplement si vous estimez que j'ai commis quelque faute. Moi, je ne me reproche rien...

- Moi non plus, mon fils ! Je comprends votre amertume, mais je dois préserver une certaine sérénité au lycée. Nous avons longuement parlé de toi avec la préfète. Ne t'en fais pas : on te trouvera une bonne école. Va, mon fils ! Parfois, à quelque chose malheur est bon...

* * *

Septembre 1980. Pour un fonctionnaire, rien n'est aussi désagréable que de ne pas avoir d'affectation. Tu n'es nulle part. Tu n'es personne. Tu n'as pas d'occupation précise mais *ils* tiennent à te voir parce que tu as été mis à *leur* disposition. Je n'oublierai jamais la paie intervenue en ce mois-là. Mobutu venait de procéder quelques semaines plus tôt à une énième démonétisation et, alors que la date butoir pour le retrait des anciennes coupures était imminente, l'on me faisait promener d'un agent comptable à un autre, aux quatre coins de l'immense Kinshasa, pour chercher mon salaire.

J'appris finalement que mon nom figurait sur la mise en place de ma nouvelle affectation, l'Institut Makelele de Bandalungwa, l'une des vingt-quatre communes de la capitale. Le préfet avait reçu des consignes strictes : il fallait que je commence d'abord à travailler, au moins une semaine, avant qu'on ne me remette mon dû. Comment je vivais et où je résidais - heureusement que je conservais encore mon studio au lycée -, cela n'intéressait évidemment pas ces messieurs de la Coordination !

J'étais en train d'improviser une leçon d'histoire de littérature négro-africaine dans la classe de sixième littéraire, lorsque je vis débarquer justement l'un de ces messieurs de la Coordination. Il venait vérifier si je m'étais présenté à mon poste. Mais comble de malheur, de ridicule ou de harcèlement, en regardant dans ma classe, il découvrit une élève, la seule et unique fille parmi la quarantaine de garçons que j'avais devant moi ! A la fin de ma prestation, je le retrouvai qui m'attendait dans le bureau du préfet.

- Je suis désolé, mais vous ne pouvez pas enseigner dans cet institut. Nous avions perdu de vue qu'il était mixte ! Tenez : à l'Institut Elikya, près de la gare centrale, il y a une vacance. Veuillez vous y présenter demain matin.

- Comme vous voulez. Mais vous allez d'abord libérer mon salaire ! Voilà plus d'une semaine maintenant que je survis d'expédients ! Je ne suis quand même pas un bagnard...

A l'Institut Elikya, à l'autre bout de la ville, où je me pointai le lendemain, il n'y avait que des garçons. Je n'y ai enseigné qu'un jour. Le jour suivant, je rencontrai l'un de mes condisciples de la faculté. C'était le plus âgé de notre promotion et, tout en étudiant, il travaillait dans l'administration de l'université. Il se trouvait à présent à la tête de la direction nationale chargée de la gestion du personnel de l'enseignement primaire et secondaire. Il me croyait à Lubumbashi. Je lui contai mes déboires. Il me proposa de venir travailler avec lui. C'en était fini de ma brève carrière dans l'enseignement. Enfin, pas tout à fait...

4

Dans le cloaque

Mon père fut un soldat de la Force Publique, l'armée coloniale belge au Congo. Après avoir participé aux campagnes de Tanganyika et d'Abyssinie, il fut démobilisé avec le grade de premier sergent-major. Et un anthroponyme à tel point dénaturé que notre origine ethnique n'était pas, de prime abord, facile à reconnaître. En Afrique, plus qu'ailleurs, la parentèle n'implique pas seulement des liens de sang, mais aussi un patrimoine caractériel, voire comportemental, commun. C'est ainsi que les gens attachent un intérêt crucial à identifier tout un chacun à partir de son pedigree, c'est-à-dire son nom, sa morphologie, etc. Dans une ville bâtarde comme Kinshasa, cette lecture peut devenir obsessionnelle et prendre parfois des allures grotesques : chacun veut connaître et reconnaître absolument les siens !

Certains me confondaient ainsi avec les *Djunga* ou *Shungu* des Tetela-Kusu ; d'autres avec les *Nzungu* des Kongo. Même parmi ceux de mon ethnie, très peu reconnaissaient derrière *Djungu* le *Yungu* des Lega, c'est-à-dire l'œuf, cet œuf que fut mon père, nouveau-né élevé délicatement car privé précocement de sa mère morte en accouchant.

Aucun Kinois ne vous donnera sa maison ou sa bicoque en location sans s'être au préalable assuré de votre pedigree. En général, comme le loup le fit à l'agneau dans la fable de La Fontaine, l'on vous jugera, souvent sans appel, selon les exploits de vos compatriotes. Si vous êtes un tantinet brun, vous serez pris pour un Kasaïen, c'est-à-dire un locataire arrogant. Le locataire de petite taille a toutes les chances de provenir du Bandundu, la région où pullulent sorciers et féticheurs. Les grands types, s'ils ont la peau sombre, ce seront les bagarreurs du Katanga ; sinon, vous aurez affaire aux gens de l'Équateur, réputés pour leurs mœurs dissolues. Les Swahiliphones seraient bonasses et des soûlards invétérés. Quant aux Tetela, ils aiment, semble-t-il, vivre en bande, tandis que les Kongo vous transformeraient la maison de location en une boutique. Etc.

Les trois mois de préavis que la préfète du Lycée du Sacré-Cœur m'avait aimablement accordés - à moi qui n'étais pas à proprement parler un véritable locataire vu que je ne payais aucun loyer - arrivaient à leur terme et je ne trouvais toujours pas de maison à louer à la cité. Les seules offres qui avaient marché concernaient des "maisons" sises dans des communes éloignées de la Gombe, le Kinshasa administratif. Je ne pouvais me résoudre à m'y installer, car le problème de transport allait me handicaper.

Dans les communes des alentours, la demande dépassait de loin l'offre et la sélection se faisait soit en fonction du pedigree, soit surtout à l'encan. Pour une minable studette qui coûtait déjà les yeux de la tête, on exigeait de vous une caution correspondant à douze mois de loyer, sans oublier les commissions à verser aux nombreux intermédiaires dans ces transactions immobilières. Où donc un pauvre fonctionnaire de l'État pouvait-il aller dénicher une telle fortune ? En fait, les propriétaires accordaient leurs préférences aux commerçants dits *Ndingari* ou Sénégalais, c'est-à-dire des ressortissants de l'Ouest africain, qui recherchaient ces bicoques à proximité du marché principal de Kinshasa.

La chance ou plutôt mon pedigree *tetela* me fit dégoter finalement un box au numéro 10 de la rue Kato, à un jet de pierre du grand marché et à une demi-heure de marche du centre administratif de la Gombe. C'était dans la commune mère de Kinshasa, un vaste cloaque dans lequel semblaient avoir échoué d'innombrables habitations malmenées par l'âge et les intempéries. Comme dans la plupart des communes de la capitale, il n'existe pas ici de service d'enlèvement des immondices. On les enfouit dans des trous excavés çà et là, au petit bonheur, ou alors on s'en débarrasse dans les rigoles qui quadrillent les pâtés de maisons. Malheureusement, les eaux usées stagnent, car le relief est plat. Notre commune se vautre, en effet, au sommet d'un plateau. Seules les eaux impétueuses de la pluie parviennent tant bien que mal à les dégager, encore que, avec des caniveaux obstrués, les rigoles se transforment vite en mares, inondant ruelles et cours d'habitations à la moindre flotte.

Ici le mal a pour nom promiscuité. La chaleur de jour comme de nuit, les moustiques qui prennent le relais des mouches bien avant le crépuscule, tout cela fait que les gens vivent davantage dehors, sollicités par toutes sortes d'animations bruyantes dont les musiques qu'éructent nuit et jour débits de boissons et autres *nganda*.. La rue, comme l'a si bien chanté Tabu Ley alias Rochereau, l'un des grands musiciens populaires du pays, est la maison de tout le monde.

Notre parcelle, terme qu'utilisent les Congolais pour désigner toute habitation clôturée, appartenait à un haut fonctionnaire des Affaires étrangères qui s'était fait une petite fortune en vendant à son profit des passeports. Il avait transformé l'habitation en une sorte d'écurie : au milieu, ce qui restait de l'ancienne maison ; sous un appentis, à chacun des deux murs latéraux, deux suites de petits compartiments cloisonnés, quatre de part et d'autre ; et contre le mur en face de l'entrée, était aménagée une série de petites stalles, dix au total, sans toiture et munies chacune d'un vieux morceau de tôle ondulée tenant lieu de porte portative. C'était là que chaque locataire prenait son bain à l'aide d'un seau d'eau. Le dernier réduit, un peu à l'écart, abritait nos W-C. communs.

Toutes les pièces, à part la mienne, étaient occupées par des femmes seules, avec deux ou trois enfants, parfois davantage. La plupart vendaient au grand marché, mais l'essentiel de leurs ressources provenait de la prostitution ; deux d'entre elles se vantaient d'être des *bureaux*, c'est-à-dire, en fait, énièmes concubines de ces Kinois qui croient faire ainsi la démonstration de leur aisance.

Au début les relations avec mes voisines ne furent point faciles. Chacune s'évertua d'abord à me mettre dans son giron. Tous les prétextes étaient bons pour pouvoir s'introduire chez moi : tantôt pour demander un ingrédient de cuisine qu'elles savaient manifestement que je ne pouvais posséder, tantôt pour s'assurer que j'étais effectivement là, parce que j'avais pris l'habitude de fermer ma porte, n'ayant pas trop à souffrir de la chaleur, vu que je disposais d'un ventilateur fort efficace. Et lorsque l'une s'y trouvait, une autre ne tardait pas à venir, sous prétexte de la rechercher. Toutes se scandalisaient de mon obstination à préparer moi-même ma nourriture, alors qu'elles ne demandaient qu'à me servir. Ce n'est pas à moi qu'elles allaient apprendre qu'après les assiettes à laver, ce serait le lit à faire... Or, sans être le moine ou l'impuissant qu'elles croyaient, j'avais des principes stricts en matière de relation avec l'autre sexe. Je faisais notamment mienne la sagesse du bon renard qui ne s'attaque jamais aux poules du voisinage ! Dès que je sentais trop de familiarité, je prenais mes distances. Alors, l'une après l'autre me plaçait dans une sorte de quarantaine, me boudait, m'ignorait, le temps de se rendre compte que cela ne m'affectait nullement. Bien au contraire. A la fin, nous sommes tout simplement devenus de bons voisins : « Comment ça va ? - Comment ça va ! »

* * *

Ma première chèvre fut un bouc ! Je le découvris de retour du service, chez moi, sur la rue Kato, attaché à un pieu fiché dans le sol sablonneux, juste devant nos installations sanitaires. De la taille d'un basset, barbichu, ses bêlements et cabrioles avaient ameuté tous les gosses des environs. Ils lui avaient apporté de l'herbe, mais lui, au lieu d'en manger comme espéraient ses admirateurs, s'y souillait à tout bout de champ. Ils protestèrent plus tard, lorsque je dus égorger la bête : je ne pouvais pas me permettre de la laisser ainsi sans courir le risque de la voir emportée la nuit par des voleurs.

Découvrir n'était pas, en fait, ce qu'il convenait de dire, car mes deux visiteurs de ce matin-là m'avaient déjà prévenu, à mots couverts, qu'ils m'avaient apporté “quelques provisions”. Je sursautai sur ma chaise pour marquer ma surprise, eux, cependant, pensèrent que je désapprouvais le fait qu'ils soient venus jusqu'au service avec les provisions en question. Aussi, alors que je demeurai bouche bée, crurent-ils nécessaire de préciser leur pensée :

- Non, chef ! Les provisions vous attendent à la maison, me dit, en baissant la voix, celui qui passait pour le plus âgé des deux enseignants.

- Où ça, « à la maison » ? demandai-je avec un brin d'énervement.

- Ne vous fâchez pas, chef ! C'est notre collègue qui est passé vous voir, il y a deux semaines, qui nous a parlé de votre serviabilité. Alors nous...

- Ah bon ! Et il ne vous a pas dit que c'est au niveau du Service de Paie que les choses se compliquent ?

- C'est-à-dire que...

Je devinai la suite. Ainsi, dans tout le Bandundu,

des enseignants allaient se passer d'école à école mon adresse ! Il fallait quitter cette dangereuse filière ; mais n'était-ce pas un peu tard ? J'aurais dû y penser plus tôt, lorsque j'avais accepté de venir travailler ici. Et puis, qu'est-ce que je me reprochais concrètement : aider des malheureux enseignants à recouvrer leur dû ? C'est vrai que ce qu'ils faisaient ou, plutôt, étaient obligés de faire, était moralement condamnable. Allez donc parler de morale à des ventres qui étaient soumis à une diète des mois et des mois pour des raisons qu'ils ignoraient ! Après tout, ce n'étaient pas eux qui empêchaient les ordinateurs de *mécaniser leurs accréditifs* ou de faire sortir leurs bulletins *zéro-zéro.* Des pratiques et tout un langage dont ils se seraient volontiers passé.

Non, cela participait de tout un système, contre lequel il fallait enclencher une action concertée de toutes les victimes. Il y avait, en effet, de la naïveté à croire que toutes ces malfaisances étaient isolées : elles s'emboîtaient les unes dans les autres, comme des poupées russes. Oui, la plaie était vraiment dans le corps ! Encore fallait-il que les gens en soient conscients. Même le petit agent qui profitait de son poste d'informaticien pour déplumer son collègue *mangeur de craie* trouvait une justification à son forfait : n'était-il pas mal payé ? Et l'enseignant tenait un raisonnement semblable vis-à-vis des enfants dont il monnayait la formation : la société ne l'avait-elle pas condamné à *saigner* ? On comprend que des individus comme ceux qui atterrissaient dans nos bureaux ne pouvaient que faire les frais des sangsues...

Je faisais donc venir dans mon bureau ou allais voir le *collègue* qui au niveau du Service de Paie, s'occupait comme moi des écoles du Bandundu, et m'enquérais de ce qui n'allait pas. Nous avions le feu vert de notre hiérarchie, assaillie par d'incessantes réclamations venant de partout. Nos *collègues* pouvaient afficher de bonnes dispositions de collaboration, mais tant qu'ils ne voyaient rien tomber dans leur escarcelle, ils ne bougeaient pas le petit doigt. D'ailleurs, beaucoup voyaient d'un mauvais œil cette *collaboration* qui les empêchait de disposer à eux seuls de l'intégralité du butin...

J'avais cru que l'enseignant de l'Institut Don Bosco de Kikwit (Indobo) auquel mes deux visiteurs faisaient allusion avait bien assimilé ma leçon. Hélas non ! Ils étaient tous pareils. Je l'avais trouvé un après-midi qui m'attendait devant la porte de mon antre. Depuis combien de temps était-il là ? Qui l'y avait aiguillé ? Je me demandais comment j'allais aborder cet inconnu et surtout le recevoir dans le complet dénuement où je vivais. Perspicace, il prit les devants et me débita d'un trait le petit discours qu'il avait mijoté en m'attendant :

- Excusez-moi pour cette intrusion, Citoyen[11] ! Je pensais vous trouver déjà chez vous. Il y a juste cinq minutes que je suis là. Je viens de Kikwit. Si cela ne vous dérange pas, on pourrait aller causer autour d'un verre là-bas, dans ce bistrot...

---

[11] Terme consacré par l'*idéologie de l'Authenticité* de Mobutu en lieu et place de «Monsieur», réservé aux étrangers.

- Vous allez d'abord me dire ce qui vous amène, lui dis-je. Et je l'invitai, sans attendre son avis, à pénétrer dans la maison que j'avais entre-temps ouverte. Un rideau fait de pagne divisait la pièce en deux parties: dans le fond, c'était ma chambre à coucher; le reste, c'était d'un côté la cuisine, c'est-à-dire un réchaud électrique à deux plaques posé sur deux casiers à bouteilles superposés, de la vaisselle et un seau sur le plancher, et de l'autre côté ma table de travail avec trois chaises. Je voulus tout de suite le mettre en confiance:

- Je viens à peine de quitter l'enseignement debout et ce qui vous arrive, moi aussi je l'ai connu: deux années de non paiement ! Tout ce que je puis vous dire, c'est que nous traitons vos mises en place et toutes les réclamations aussitôt qu'elles nous arrivent et nous les acheminons à la Direction de Paie. Vous seriez passé à mon bureau que je vous aurais montré les traces de votre dossier. Il ne semblait pas du tout convaincu ou plutôt ne m'avait guère écouté !

- Mais, chef, vous connaissez vos collègues du Service d'Informatique...

- Vous savez, ces gens-là se méfient de nous ! Tout ce qui les intéresse, c'est *un peu-un peu...*

- J'ai justement avec moi quelque chose...

- Mais pourquoi n'allez-vous pas voir ces gens vous-même ?

- Ils sont compliqués, chef ! A vous, ils ne poseront pas de problème...

Cette nuit-là, je vérifiai bien les verrous de la porte et de la fenêtre avant de me coucher, le *collègue* n'allait guère me croire si, le lendemain, je lui racontais que des voleurs s'étaient introduits chez moi la nuit pour voler *notre* chèvre !

5

Du colchique dans la prairie ?

Pierre qui roule n'amasse peut-être pas mousse, mais se polit, s'assagit ! Je commençai à me poser des questions à propos du chiffre 2. En effet, depuis mon départ de Lubumbashi, je ne parvenais pas à demeurer plus de deux ans à un même poste. Était-ce vraiment par pur hasard ?

Au service du personnel de l'Éducation nationale, c'est l'arrestation de mon vieux condisciple qui me mit la puce à l'oreille. Il était arbitrairement mêlé à une curieuse affaire de détournement de fonds publics baptisée « Opération-Retour » par la presse locale. Des agents indélicats s'entendaient avec des responsables de réseaux d'enseignement pour virer indûment sur les comptes de ceux-ci d'énormes sommes d'argent. Une fois le coup réussi, ils se partageaient entre eux le butin. Saisi de l'affaire on ne sait trop comment, le parquet procéda à l'arrestation, sans discrimination, de tous les chefs des services incriminés ainsi que de leurs collaborateurs immédiats. Manque de pot, l'ami passa près de cinq mois de prévention en prison et lorsqu'il fut enfin élargi, il ne put récupérer ses fonctions.

Cette rafle, qui fut suivie d'autres, constitua pour moi un signal d'avertissement: on ne pouvait pas indéfiniment bafouer les droits des autres ni se jouer de leur misère ! Tous, nous connaissions les vrais auteurs de l'opération délictueuse, mais le fait de ne pas les dénoncer, pire, de continuer de collaborer à des manigances, faisait de nous d'une manière ou d'une autre des complices. L'affaire secoua quand même les esprits: le colchique avait-il envahi l'herbage ? Allions-nous toujours nous prendre pour des chèvres ? Et qu'adviendrait-il le jour où il n'y aurait plus d'herbe, où tout le monde serait chèvre ?

Évidemment, ces scrupules ne débouchaient sur presque rien de concret. Il faut savoir qu'en Afrique, c'est rare qu'on condamne les délinquants; on les plaint plutôt, on s'apitoie sur leur "malchance". D'ailleurs, pour une certaine opinion, largement partagée, faire de la prison apparaît comme subir de l'injustice, car il est généralement admis que voler l'État, c'est rien moins que recouvrer ses droits. En tout cas tant qu'on n'a pas été attrapé, on n'est point voleur...

Passé quelque temps, on en vint tout simplement à oublier le parquet et nos chefs en détention à la prison de Makala. C'est tout juste si leur arrestation n'était point perçue comme une parenthèse malheureuse... A cette époque-là, en effet, tous les jours se suivaient et se ressemblaient pour nous: bombances, beuveries, folies, crâneries, nous n'étions pas différents de femmes entretenues ! Des coordinateurs d'écoles, des chefs d'établissements, des enseignants, tout ce joli monde défilait dans nos bureaux sur l'avenue des Cliniques et nous laissait des *haricots pour les enfants*, une petite chèvre du Bandundu parfois, mais le plus souvent de l'argent que nous nous empressions d'aller dépenser dans les *nganda*.

Cet argent était en fait maudit; c'était comme des braises dans nos poches: nous n'avions de cesse que tout fût consommé. Pourquoi devrions-nous d'ailleurs nous en faire, puisque la manne retombait de plus belle le lendemain ? Et pour se donner bonne conscience, tout le monde n'avait que ce proverbe à la bouche: « La chèvre broute à l'endroit où elle est attachée ! ». Car on sentait une envie sourde de se justifier; peut-être de vagues pressentiments que cela devait mal finir tôt ou tard ...

Il me fallait partir. Je n'avais pas usé mes culottes sur les bancs de l'université pour passer ma vie à fouiner dans les dossiers inextricables des enseignants à payer ou à pensionner. Ouais, partir mais où ? Pendant que je me posais toutes ces questions sur mon devenir, voilà que m'arrive de Lubumbashi une lettre. Un de mes aînés devenu professeur et qui venait d'être nommé chef du département de langue et littérature françaises, m'informait que quatre mois seulement après notre départ, nos situations avaient été régularisées mais personne ne le sut car le secrétaire général administratif de l'université avait jugé bon de détourner nos salaires à son propre profit. Le manège devait durer près de trois ans, avant que le pot aux roses ne soit finalement découvert et nos noms rayés, car nous étions considérés comme des agents fictifs ou déserteurs. Le professeur me conseillait de regagner d'urgence Lubumbashi: mon dossier présenté et appuyé par le département, venait d'être introduit pour un nouvel engagement, cette fois-ci comme assistant d'enseignement.

Comment allais-je me rendre à Lubumbashi ? Aussi étonnant que cela pouvait paraître, je n'avais pas un rond en poche ! Ce jeune professeur, Pierre-Claver Ntamunoza, qui trouvera la mort peu d'années après en Asie du Sud-Est, traqué qu'il était par le pouvoir de Kinshasa, m'a alors conseillé d'attendre qu'il m'envoie mon premier salaire dès que celui-ci sortirait. Il ne sortit jamais hélas ! et je dus définitivement faire mon deuil de Lubumbashi.

Entre-temps, afin de ne pas perdre la main, je m'étais trouvé un poste de professeur vacataire à l'Alliance Française de Kinshasa. Quatre heures de cours par semaine, des heures à ma convenance, pour préparer au Diplôme Supérieur de Paris des étudiants dont un bon nombre étaient des employés du secteur privé, cela m'arrangeait beaucoup. Malheureusement, le syndrome de la *chèvre folle* ne tarda pas à empoisonner aussi l'Alliance. Le directeur des cours, un sujet français, se préoccupait davantage des rentrées dans la caisse que de la rigueur pédagogique. Bon vivant ou plutôt bon viveur, il aimait s'entourer de jeunes gens qui lui servaient en fait de rabatteurs parmi la faune féminine de l'école. Le concours pour l'inscription aux cours devint vite une pure formalité. Et comme le diplôme que délivrait l'Alliance jouissait d'une forte réputation dans la ville, le nombre d'étudiants, et surtout d'étudiantes, ne cessa d'augmenter.

Le gros des professeurs enseignaient dans les lycées et instituts secondaires de la place. La vacation représentait un surplus considérable, en tout cas sans commune mesure avec les salaires de l'État, à tel point que certains préférèrent à la longue abandonner leur poste dans l'enseignement officiel pour s'adonner entièrement à l'Alliance. Et si tous n'amenaient pas nécessairement avec eux les tares de l'école publique, ils trouvaient facilement sur l'avenue Lubefu des occasions de sombrer dans la *débrouillardise.* Parmi celles-ci, le fait que nos étudiants, pour qui les diplômes de l'Alliance - il y en avait de plusieurs niveaux - constituaient une chance ultime après des études supérieures compromises ou impossibles, étaient déterminés à réussir à tout prix et quel que soit le prix. Ils avaient pour ce faire plus de facilité à aborder les professeurs d'autant plus qu'ils étaient en majorité des personnes adultes, souvent même plus âgées que l'enseignant, en tout cas, dans l'ensemble, matériellement plus pourvues que lui.

Officiellement, je faisais toujours partie de mon service de l'Éducation nationale, mais je n'y allais plus. Des amis à qui je m'étais ouvert à propos de mon éventuel retour à Lubumbashi, m'avaient fermement dissuadé de donner suite à ce projet. « Pourquoi, me demandaient-ils, n'essaies-tu pas de te faire engager dans les instituts supérieurs de la place ? Tu ne vois pas que tout le monde est en train de fuir l'intérieur du pays ? » Je jugeai inutile de leur parler de mon dossier en souffrance à l'Institut supérieur pédagogique de la Gombe. Ils allaient plaisanter sur ma naïveté: aucune démarche n'aboutissait plus, semble-t-il, par de simples *J'ai l'honneur*, c'est-à-dire des lettres de demande d'emploi. Il fallait miser sur les relations, ou alors casquer gros. Ah, la chèvre ! Finalement, c'est l'animal caprin qui nous tenait par le bout de la corde... autour de nos cous cupides !

Sans trop y croire, j'introduisis un autre dossier d'assistanat à l'Institut Pédagogique National de Ngaliema-Binza (IPN), l'institut qui récupérait la plupart des enseignants en sciences humaines fuyant justement l'intérieur du pays. La réponse ne tarda pas: ma candidature était acceptée, mais on m'invitait à attendre jusqu'à ce qu'il se dégage une charge horaire disponible au niveau de l'unité d'enseignement qui pourrait m'utiliser, à savoir le Département de Français et Linguistique africaine. Le chef dudit département, le professeur Marcel Kadima, un brillant linguiste que des délinquants allaient lâchement lyncher quelques années plus tard à la suite d'un bête accident de circulation, me connaissait fort bien pour m'avoir enseigné à l'Université de Lubumbashi. Homme d'un abord facile et plein d'humanité, il n'y alla pas par quatre chemins pour me dessiller les yeux:

- Petit ! Ici, tu n'auras jamais un horaire tout fait ! Il faut panacher, apprendre à jongler. Le plus important, c'est de se trouver dedans ! Je te mets pour commencer 60 heures de Pratique professionnelle, 30 heures de Stage, 45 heures x 4 pour le swahili dans les deux classes du second graduat en Anglais et en Français, cela te fait 270 heures sur lesquelles tu ajoutes 30 heures de Travaux pratiques en littérature française, en littérature africaine, en littérature comparée, ... le compte devrait y être !

Quelques semaines plus tard, j'étais nommé assistant à l'IPN. Nous étions en 1983. Je continuais à assurer mon enseignement à l'Alliance Française, et en attendant que ma désertion soit constatée à la direction du personnel de l'Éducation nationale, je descendais tous les 20 du mois pour toucher mon *ç'a l'air* à la Gombe.

6

Condamné à mort !

Les remaniements ministériels sous Mobutu frisaient la routine. Il y en avait en moyenne chaque semestre. Pour le rusé et roué dictateur, ces chambardements constituaient une stratégie à la fois de conservation du pouvoir en renouvelant régulièrement, afin de l'étendre, sa clientèle politique (un ministre nommé, c'est tout un clan de frères et amis qui était potentiellement tiré du dénuement) et de fragilisation, voire d'asservissement de ses principaux collaborateurs dont la stature politique ne tenait que sur le fait du prince. Pour la rumeur populaire, cependant, les six mois d'un ministre se répartissaient de manière suivante:

Le premier mois, après le rituel obligé de remise et reprise, il fait le tour du propriétaire, apprend à "être ministre"; le deuxième mois, il s'installe, se choisit et installe ses conseillers, renouvelle sa garde-robe; le troisième mois est consacré aux audiences pour écouter les doléances et aux tournées en provinces ainsi qu'aux inaugurations; le quatrième mois, s'il n'effectue pas une ou deux missions à l'étranger, le ministre imagine un séminaire, un colloque ou tout autre manifestation qui occasionnera des sorties de fonds publics à justifier dans le cadre de sa ligne de crédit «Rencontres locales»; le cinquième mois, on s'affaire déjà à faire l'inventaire du butin amassé et à le mettre à l'abri (voitures, équipements divers, meubles et immeubles, comptes en banque); le sixième mois, c'est déjà la fièvre du remaniement: le ministre assiège littéralement les médias, se met en campagne pour se rappeler au bon souvenir des personnalités influentes dans l'entourage présidentiel, consulte féticheurs et marabouts...

J'apprends donc un beau matin par la voix des ondes que je suis recherché au cabinet du nouveau ministre de l'Éducation nationale. Je m'y présente. Et qui vois-je là ? Une demoiselle d'origine pakistanaise, condisciple de l'université et ancienne de Bukavu comme moi.

- Cela n'a pas été facile de t'atteindre ! me dit-elle. Le ministre a besoin d'un attaché de presse. Je pensais que le poste te plairait car je sais que tu aimes écrire.

- Mais quel rapport: je ne suis pas journaliste ! Je n'ai pas fait d'autres études depuis Lubumbashi...

- Oh ! Ce n'est pas indispensable de passer par l'Isti[12] pour faire ce qu'on attend de toi. Je t'expliquerai.

- Je t'apprends aussi que je viens d'être nommé Assistant à l'IPN...

- Écoute, Charles: est-ce que tu veux oui ou non ce poste ? Peut-être que tu crois être le seul cumulard dans le secteur ? Détrompe-toi; c'est en passe de devenir un sport national... Il faut savoir s'organiser, c'est tout !

“ Savoir s'organiser ” ! Était-ce une devise ou une gageure ? La formule était tout aussi engageante que si-

---

12 Institut Supérieur des Sciences et Techniques d'Information de Kinshasa, l'école qui forme les journalistes et communicateurs.

bylline. Ceux qui étaient parvenus à se tirer du pétrin national (les parvenus !), à se trouver une placette au soleil pouvaient la claironner: elle constituait la clé de leur réussite, en tous les cas, les dispensait de s'en expliquer autrement. Quant aux autres, la grande masse des paumés, des infortunés et des laissés-pour-compte, leur échec ne pouvait avoir d'autre cause: ils n'avaient pas su s'organiser. Évidemment, eux prétendaient qu'ils étaient des mal nés, les *makila mabé*...

Nous vivions dans une société où seul le résultat comptait. L'on vous considérait en fonction de votre avoir, peu importait que vous ayez dû vendre votre âme, trafiquer la vie de vos frères ou enfants, souiller votre corps dans l'homosexualité, dénoncer faussement des proches comme de dangereux opposants, travailler avec le diplôme d'un autre, etc. Il fallait savoir s'organiser. L'exemple ne venait-il pas d'en haut ? Un obscur personnage, venu d'on ne sait où, s'était astucieusement infiltré dans les rouages du pouvoir, opposant les protagonistes en place, éliminant les plus éveillés, dopant les autres, jusqu'à se hisser sur le podium national en se refaisant, entre-temps, un passé de légende.

A chacun donc, son organisation. Celle d'un cumulard peut vous donner le tournis ! J'ai ainsi connu un talentueux musicologue congolais qui, outre ses prestations d'enseignant à l'Institut national des arts, donnait des leçons de chant dans une quinzaine de familles d'expatriés installées aux quatre coins de Kinshasa. Du lundi au samedi, il quittait chez lui à 6h 30 et ne rentrait qu'au-delà de 20h. Toute la journée de dimanche, il la passait au lit pour essayer de récupérer et c'est seulement tard dans l'après-midi que ses enfants le voyaient. Ce train de vie d'enfer, il l'a tenu neuf années durant avant de s'expatrier en Belgique où il travaille au noir comme livreur des journaux et prospectus.

Sauf la matinée de mardi que je consacrais à la pratique professionnelle à l'Institut, les autres jours, je m'organisais pour arriver au "Service de Presse et Documentation" du cabinet à 9h au plus tard. Si des journaux nous étaient livrés - ce qui devenait assez rare, vu que personne ne songeait à renouveler les abonnements, je préparais une synthèse pour le ministre et secrétaire d'État qui n'arrivaient pas avant dix heures; je m'occupais ensuite des journalistes qui sollicitaient des interviews ou alors, distribuais les nouvelles officielles du ministère à la presse. Notre service publiait aussi un bulletin mensuel et pour l'alimenter, il fallait couvrir les activités que différentes directions organisaient de temps à autre. Généralement vers 14h, j'en avais fini avec l'essentiel de mon boulot quand il y en avait, car très souvent nous ne venions que pour faire acte de présence et attendre que les ministres repartent chez eux pour manger. En principe, ils revenaient bien après, vers 17h-18h, pour d'obscures messes qui pouvaient aller jusqu'aux petites heures de la nuit. Mais pour ces prestations-là, ils n'avaient besoin que de leurs proches conseillers et hommes de main.

Par contre, ce qui était beaucoup plus fréquent et qui passionnait tout le monde - encore fallait-il qu'on vous vende la mèche! -, c'était la prestation des heures supplémentaires. Et les primes alléchantes qu'elles rapportaient. Le moindre prétexte était le bienvenu: un rapport de synthèse demandé de toute urgence par le ministre et qu'on s'arrangeait pour finaliser un dimanche; se faire glisser sur la liste des participants à une commission mixte, interministérielle, intergouvernementale ou multilatérale (avec, notamment, des organismes de l'ONU). A part cela, à 14h, j'avais suffisamment le temps de monter à l'IPN afin d'assurer un enseignement pratique ou, deux après-midi par semaine, faire un saut à l'Alliance Française, juste à dix minutes de marche du cabinet. A la fin du mois, je m'en tirais avec une somme rondelette, de quoi m'équiper petit à petit, répondre aux incessantes demandes d'argent de la part de tel ou tel membre de la famille, et, surtout, économiser quelque chose pour me marier un jour...

* * *

Cela commença par quelques indiscrétions, puis la rumeur se fit persistante: on parlait des primes octroyées aux agents de la direction du personnel qui venaient d'être enfin libérées mais aussitôt détournées. Encore une sordide affaire de prévarication...

A la suite de nombreuses réclamations et afin de parer à la menace d'une grève généralisée dans toutes les écoles du pays, le ministre responsable avait mobilisé pendant trois jours ses agents de la direction susmentionnée pour qu'ils apurent tous les contentieux et procèdent enfin à la régularisation des situations salariales de tous les enseignants en colère.

Aux dires de l'homme de la rue, la bande mafieuse était non seulement parvenue à imprimer deux bordereaux de paie différents mais avait fait disparaître le listing qui intéressait tous les agents, celui des rappels. Jusqu'à ce qu'une autre rumeur vienne ajouter du sel dans cette agitation: un groupe d'agents lésés serait entré en possession du document recherché et, grâce à des contacts sûrs au cabinet, s'apprêterait à saisir le ministre du dossier explosif.

Ce matin-là, je me trouvais au secrétariat de notre service, encore désert, lorsque je vis arriver deux individus au visage masqué par de grosses lunettes noires et portant tous les deux des chemises taillées dans des pagnes bon marché. Ils étaient à ma recherche. Quelqu'un avait dû leur indiquer, sans plus, notre pavillon. Comme ils ne me connaissaient donc pas, je leur fis savoir que la personne qu'ils recherchaient venait de ressortir et qu'elle ne reviendrait probablement pas de sitôt. Ils promirent de repasser plus tard. En fait, ils allèrent se poster de l'autre côté de la route, en face de l'entrée principale de notre enclos. Leur embuscade n'ayant rien donné au bout d'une demi-heure, ils revinrent aux nouvelles. Je décidai de me dévoiler:

- Vous seriez déjà de retour si vous nous l'aviez dit plus tôt, Citoyen! s'exclamèrent de conserve mes deux quidams. On a besoin de vous juste pour un renseignement au Centre National de Documentation, renchérit l'un d'eux. De toutes les façons, si vous ne venez pas de votre gré, on se verra bien obligé de vous adresser un mandat de comparution...

Naïf, je ne me fis pas prier davantage et poussai l'imprudence jusqu'à les suivre sans prévenir mes supérieurs hiérarchiques!

Les services spéciaux qui n'avaient pas cessé de connaître une valse des sigles (SN pour Sûreté Nationale; ANI pour Agence Nationale d'Immigration; CND pour Centre National de Documentation; SNIP pour Service National d'Intelligence et de Protection; AND pour Agence Nationale de Documentation; etc.) se situaient effectivement non loin de nos bureaux, sur l'avenue des 3Z. (Zaïre Pays, Zaïre Fleuve et Zaïre monnaie). La simple évocation de leur dénomination inspirait l'épouvante; le périmètre sinistre était d'ailleurs interdit d'accès par des itinéraires de déviation et de contournement du fait que les services en question occupaient un pâté de bâtiments sur une bonne longueur des deux côtés de l'avenue. C'était la première fois que je mettais les pieds dans cet endroit dont on ne disait que du mal. Chemin faisant, mes deux convoyeurs n'avaient pas lâché un seul mot, ni entre eux ni avec moi. Je n'eus pas le temps d'examiner l'emplacement: ils m'amenèrent directement au sous-sol d'un bâtiment qui paraissait désaffecté.

Ils me font asseoir sur le siège arrière d'une voiture transformé en divan et disparaissent. Surgit peu après un homme nettement plus âgé qu'eux et lui aussi en chemise-pagne; il soulève de ses deux bras velus une petite table métallique pleine de poussière qu'il place en face de moi. La lumière du jour ne pénètre dans la pièce qu'au travers de deux trous béants, apparemment prévus pour les climatiseurs et pratiqués en haut du mur faisant face au fleuve Congo qui coule non loin de là. Mon homme nettoie la table à l'aide d'un morceau de journal qui traînait par terre, puis s'éclipse. Il réapparaît quelques instants après, cette fois-ci avec, sur la tête, une grosse machine Remington qui a perdu certains de ses accessoires. Mes deux lascars le suivent, l'un transportant un tabouret et l'autre une grosse farde brune; la marche est fermée par un monsieur presque chauve, dont la mise plus soignée ne laisse aucun doute sur sa prééminence.

Dès qu'il m'aperçoit et avant même de s'asseoir sur le tabouret qu'on lui a apporté, il me lance, goguenard:

- C'est toi l'agitateur ? J'encaisse l'insolence sans broncher. Au moins, je ne lui ai pas fait l'honneur de me lever. Il en enrage évidemment:

- Tu fais le dur ? Ah! Ici, nous savons comment briser les rocs! Et à l'adresse de l'un de ses acolytes, mais c'est uniquement pour m'intimider:

- S-29 ! On fait tout de suite l'examen ou on le réchauffe d'abord?

- Essayons d'abord l'examen, répond l'interpellé. S'il fait le malin, on l'amène alors au gymnase.

- O.K.! Mais je n'ai pas beaucoup de temps. A dix heures, je dois rejoindre les autres. Il y a deux colis à expédier chez Lucifer ce matin!

J'écarquille les yeux, enfonce les deux index dans le pavillon de mes oreilles: suis-je en train de rêver ? Suis-je victime d'une hallucination ? Non, c'est bien moi en chair et en os et présentement dans les locaux de l'AND. Mais qu'ai-je donc fait ? Quel crime ai-je à mon insu commis ?

L'interrogatoire est mené tambour battant: aucun compte n'est tenu de mes réponses, de mes protestations. Imperturbable, le mec égraine son chapelet d'énormités, des accusations aussi invraisemblables que ridicules. “Oui” ou “Non”, voilà les seules réponses qu'il attend de moi. J'animerais au sein du ministère la cellule d'un réseau de subversion dirigé depuis l'étranger. De l'argent et du matériel de propagande me seraient régulièrement livrés via une ambassade bien connue. J'étais sur le point de déclencher un mouvement de grève parmi les agents de l'État. Ils connaissent nos procédés: propagation de faux bruits, intoxication, distribution des tracts séditieux, fausses dénonciations, etc.

Il me tend le document pour que j'y appose ma signature. J'exige de le lire au préalable!

- Qu'est-ce que je vous ai dit ? Amenez ce type au gymnase! Puis, après quelques instants de silence:

- D'accord! On te laisse lire le texte. Cinq minutes! Pas plus...

Tous les trois sortent, à l'exception du vieil homme que je prends pour un huissier. C'est bien plus tard que je me rendrai compte de son rôle: c'était le mouton de la bande, à cette différence qu'au lieu de m'extorquer des aveux, il devait me travailler pour que je me fasse à l'idée de payer ma libération.

"Mon fils, me confie-t-il, tous ceux qui arrivent ici sont coupables! Et lorsqu'on est accusé de comploter contre le Chef de l'État, il faut s'attendre au pire! Ici, on ne fait aucun cas des vies humaines..."

Je faisais certes dans ma culotte, mais j'avais du mal à admettre qu'on pouvait envoyer les gens à la mort comme ça, sans qu'ils n'aient rien fait. Non, ce ne pouvait être qu'une mauvaise plaisanterie ou alors une méprise; donc, tôt ou tard, ils se raviseraient.

Je ne sais combien de temps mes bourreaux sont restés hors de la pièce, mais lorsqu'ils sont revenus, je n'avais non seulement pas signé mais même pas lu ledit document. J'étais dépassé. Je commençai à craindre de sombrer dans la folie.

- Tu ne veux toujours pas signer ? Eh bien , on se passera de ta signature. Ce n'était d'ailleurs qu'une simple formalité. Nous avons suffisamment de preuves si accablantes contre toi que ce sera un miracle que tu sortes vivant d'ici. Et si miracle il y a, ce ne sera pas avant vingt ans...

Le chauve se met debout et invite ses deux acolytes à le suivre pour aller retirer de l'*équipement* pour leur client, c'est-à-dire moi. Les voilà sortis à nouveau. Je me tourne alors vers le vieux monsieur et le supplie de m'aider pour vite quitter cet endroit.

- Si tu peux avoir quelque chose, mon fils, donne pour qu'ils t'épargnent! Ta famille a encore grandement besoin de toi...

- Combien leur faudra-t-il ?

- C'est à toi de voir, compte tenu de la gravité de ce qu'ils te reprochent! L'argent, c'est rien, mon fils; le plus important, c'est de rester en vie...

Est-ce que mes trois lascars écoutaient derrière la porte ? Toujours est-il qu'après m'être rallié à ces "sages conseils" de l'huissier, je les vois qui réapparaissent subitement, tels des fantômes. Tout va se passer alors très vite. Avec mes deux anges gardiens qui m'escortent à distance, je pars au grand marché où la femme d'un cousin dispose d'un stand. Je parviens tant bien que mal à lui emprunter trois mois de mes émoluments cumulés que je remets à ces braves policiers de l'ombre.

Le soir, un ami à moi, agent à la direction du personnel, vient me voir. C'est lui qui m'expliquera en long et en large les tenants et les aboutissants de la cabale. Lui aussi devait être appréhendé, car pour la bande mafieuse c'était lui qui avait dû me contacter. Je le mets au courant de mon calvaire et de la consigne qui m'a été formellement faite, à savoir me mettre au vert jusqu'à ce que l'affaire se tasse complètement. L'ami n'arrête pas de rire de moi: « Il n'y a aucune *affaire* ! Demain, tu viens avec moi à l'AND. J'ai un cousin qui bosse là-bas, on va confondre ces truands! »

Le lendemain, nous sommes en train de nous faire enregistrer à l'entrée de l'agence des tortures, lorsqu'une grosse Mercedes noire de service franchit le portail et vient s'arrêter à notre hauteur. Une main fait baisser la vitre arrière du côté où nous nous trouvons. Apparaît alors une silhouette longiligne que je ne reconnais pas tout de suite.

- Qu'est-ce que tu viens faire ici ? me demande-t-elle. C'est Octave Habarugira[13]. Nous nous étions connus à Lubumbashi où il faisait les Relations Internationales. Tous les agents de l'AND qui l'ont aperçu se mettent au garde-à-vous. C'est la deuxième personnalité de la boîte. Il m'amène dans son bureau. Et lorsque je lui conte mon histoire, il refuse de me croire: « Je n'arriverai jamais à comprendre comment de grands intellectuels comme toi peuvent se faire berner par des sous-fifres, des illettrés! ». Apparemment, il ne connaissait pas encore les nouveaux *intellectuels* du pays... Nous descendons avec lui jusqu'au fameux sous-sol. Malchance pour mon *huissier* que nous croisons dans la cour ! C'est grâce à lui que les autres gaillards vont être rapidement identifiés et appréhendés.

Une semaine après, je remis à la femme de mon cousin tout son argent et un bonus. Elle n'en revenait pas...

---

[13] Quelques années après, le jeune homme mourait mystérieusement, empoisonné semble-t-il.

7

En plein dans la *chèvrerie*

Lorsqu'en 1983, je recommence ma carrière d'enseignant au supérieur, l'institution universitaire congolaise est moribonde. Imposée douze ans plus tôt, la “Réforme de l'Unaza”, celle qui, à l'instar du monolithisme politique ambiant et envahissant, a fondu en une seule structure les anciennes universités et les grandes écoles du pays, a plus que prouvé son inefficacité : c'est à une incroyable dilapidation des ressources humaines ainsi qu'à une destruction systématique de ce qui restait encore du patrimoine mobilier et immobilier d'antan qu'a conduit cette énième bêtise du pouvoir de Mobutu.

Les faits parlaient d'eux-mêmes et plus flagrante encore apparaissait la cynique logomachie qui avait servi à habiller le forfait :

« Notre enseignement doit pouvoir justifier le régime politique établi, le consolider, amplifier ses actions et sauvegarder ses conquêtes. (...) Un pas doit être franchi : c'est celui de concevoir une structure qui, épousant le principe d'unité de commandement, établisse des hiérarchies et des responsabilités se jouant en cascade, du haut vers le bas, car, toute constatation faite, le président de la République est l'autorité suprême de tout notre enseignement supérieur et universitaire. »[14]

Partout, on n'arrêtait pas de regretter les temps passés où les établissements, jouissant de leur autonomie, négociaient directement des accords de coopération qui, dans la plupart des cas, aboutissaient à les placer sous une gestion de tutelle. Tel fut naguère le cas de l'Institut Pédagogique National de Kinshasa avec l'Unesco.

Pour les étudiants, principales victimes de ce gâchis, l'époque était bien révolue aussi où ils parvenaient encore à boucler régulièrement le cycle de leurs études. On ne comptait plus, en effet, les années académiques blanches ou indéfiniment prolongées à la suite des fréquentes grèves observées par le personnel enseignant mal rémunéré, ou de l'évacuation armée des campus par la soldatesque envoyée corriger des étudiants trop turbulents. Ce qui fait que la durée normale des études passait de cinq années (trois de graduat et deux de licence) à sept, voire huit années[15]. A çela s'ajoutait, en relation avec la baisse généralisée de la qualité de l'enseignement, le taux très

---

[14] Cf. Commission de réforme de l'enseignement universitaire et supérieur. Lire à ce propos: « Ubu au Zaïre », *La Revue Nouvelle,* n° 3, 1972, p. 321-324.

[15] Il convient de préciser que l'admission en licence n'est pas automatique ; après l'obtention de leur diplôme de graduat, les étudiants peuvent interrompre les études pour enseigner autant d'années qu'ils le souhaitent. Toute inscription en licence à l'IPN (y compris dans les autres ISP) est soumise à une sélection nationale, sous la forme d'un concours organisé chaque année.

élevé des échecs, c'est-à-dire des étudiants de plus en plus obligés de reprendre leur classe ou de se réinscrire ailleurs.

Situé à l'autre extrémité de la ville, sur les hauteurs de Binza, *la Colline expirée*, l'Institut Pédagogique National, pépinière naturelle des enseignants du secondaire, n'arrivait presque plus à recruter suffisamment d'étudiants frais émoulus des humanités. Ceux-ci, attirés par des études réputées "utiles", cherchaient d'abord à s'inscrire à l'Université, de l'autre côté de la ville sur le Mont-Amba, *la Colline inspirée.* C'est seulement après avoir vainement circulé dans deux ou trois facultés qu'ils venaient tenter leur ultime chance à l'IPN, souvent après avoir transité encore par d'autres instituts supérieurs de la place tels ISTEM, ISTA ou ISC[16]. Ceci explique la présence dans les différents auditoires d'un nombre impressionnant d'étudiants fort âgés et exerçant quelque emploi dans l'enseignement, l'administration publique ou dans l'armée. Ce genre d'étudiants n'a qu'un souci: réussir par tous les moyens !

L'une des aberrations de la fameuse réforme fut la généralisation à tous les établissements de la structure universitaire et ce au mépris des objectifs spécifiques de chaque forme d'enseignement. Le prétexte était tout trouvé : ne fonctionnaient-ils pas tous sous le seul et unique label de l'"Unaza" (l'Université Nationale du Zaïre)?

---

[16] Institut supérieur des sciences et techniques médicales (ISTEM), Institut supérieur des techniques appliquées (ISTA) et Institut supérieur de commerce (ISC).

L'on vit ainsi, d'une part, les instituts supérieurs dont regorgeait Kinshasa servir de refuge à de nombreux enseignants qui fuyaient la misère de l'intérieur du pays, et, d'autre part, se généraliser la pratique du *visiting*, une manière pour le personnel enseignant d'arrondir ses fins de mois. (Quelques années plus tard, la décision officielle de libéraliser l'enseignement supérieur et universitaire allait créer de nombreux postes dans les établissements privés qui poussaient comme des champignons, une divine aubaine pour les enseignants sollicités par la myriade de gestionnaires et fondateurs des écoles.)

A propos de cette structure universitaire généralisée, l'on pouvait trouver ainsi dans un établissement comme l'IPN, destiné à former de futurs enseignants, de plus en plus de professeurs qui n'avaient aucune formation en didactique. Pire, comme l'on arrivait presque toujours à caser n'importe qui dans n'importe quel institut professionnel, l'on s'arrangeait pour “inventer” des enseignements sur mesure, aux intitulés fallacieux. Le cas le plus connu à l'IPN concernait, d'une part, le Département de l'Organisation Scolaire et Professionnelle dont l'organisation lâche a permis de caser pêle-mêle les transfuges du campus universitaire de Kisangani: psychologues, pédagogues, statisticiens et autres gestionnaires des écoles; et, d'autre part, le Département d'Histoire et Sciences sociales, fourre-tout de tous les docteurs en sciences humaines : des sociologues et historiens, bien sûr, mais aussi des politologues, des philosophes et autres anthropologues. Comme dit plus haut, tout ce monde tenait à rester dans la capitale où des opportunités d'embauche[17], et surtout de cooptation dans la coterie politique, sont plus grandes qu'à l'intérieur du pays.

A l'université d'où je venais, ne pouvait dispenser un cours qu'un enseignant revêtu du grade de professeur. Celui-ci était d'abord nommé professeur associé dès la soutenance de sa thèse ; grâce, notamment, à ses publications, il devenait par la suite professeur tout court, avant d'être consacré plus tard professeur ordinaire et, enfin, professeur émérite. A l'IPN où je suis arrivé en 1983, n'importe qui pouvait dispenser des enseignements, les membres du personnel académique tout comme ceux du personnel scientifique. Tout le monde était enseignant et/ou chercheur, le grade était une question personnelle et ressortissait à l'administration. C'est cette administration qui nommait, par exemple, les assistants, lesquels, contrairement à leurs homologues de l'université, n'étaient pas obligés d'être encadrés par un professeur. On peut aisément s'imaginer les frictions que ce manque de collaboration provoquait régulièrement au sein de la corporation, mais ce n'était que l'arbre qui faisait écran à la forêt d'autres dysfonctionnements. Parmi ceux-ci, le vieillissement du corps professoral et l'absence de la relève

[17] Comme beaucoup de fonctionnaires, les enseignants congolais, qu'ils soient du secondaire ou de l'université, sont presque toujours des *cumulards*, c'est-à-dire qu'ils doivent exercer un second voire un troisième emploi pour pouvoir nouer les deux bouts du mois.

due à l'inexistence d'un programme de formation du personnel enseignant .

Le problème n'était certes pas propre à l'IPN ; dans certaines facultés universitaires, cependant, quelques membres du corps scientifique, faisant montre d'une détermination hors pair, parvenaient tant bien que mal à conclure leurs recherches au pays même par la soutenance des thèses. Chose quasi impossible à l'IPN et dans les autres instituts supérieurs qui ne pouvaient pas légalement organiser le troisième cycle[18]. D'année en année, il s'est ainsi constitué sous la forme d'une pyramide renversée un personnel enseignant des plus hétéroclite. Le recrutement par le bas était pratiquement condamné car, la filière de formation étant bloquée, le besoin en nouveaux assistants était nul. Par ailleurs et exception faite des cas de décès, aucune sortie n'était envisageable par le haut, faute de relève. En effet, les professeurs nationaux qualifiés que l'on pouvait trouver, quand bien même ils étaient tous amortis, n'envisageaient nullement d'aller à la retraite, synonyme d'une descente en enfer certifiée. Entre le haut et le bas de la pyramide, une ribambelle d'assistants seniors, de chargés d'enseignement et chefs de travaux qui, ne sachant où aller, finissait souvent par blanchir sous le harnois. Afin de débloquer cette situation, un ministre de Mobutu (on disait alors Commissaire d'Etat) imagina un jour une solution originale qu'il qualifia d'*assainissement.* Alors que tout le monde attendait du gouvernement des moyens financiers pour équiper les établissements et mo-

[18] D'où, sans doute, la cacophonie en matière d'enseignement !

tiver le personnel, ce ministre ne trouva pas mieux que de menacer de licenciement le personnel enseignant *improductif.*

Quelques années plus tôt, un autre ministre s'était rendu tristement célèbre en décidant d'octroyer aux étudiants inscrits dans les sciences dites humaines la moitié de la bourse accordée à leurs condisciples des sciences exactes. Après les étudiants, c'était à présent aux enseignants de trinquer. Rien n'était aussi flou que les critères d'improductivité ! Officiellement, on demandait aux enseignants d'exhiber au moins deux articles scientifiques pour justifier leur maintien dans le grade où ils étaient. L'auteur de cette mesure semblait manifestement ignorer l'absence quasi généralisée dans les instituts et universités du pays d'organes de publication à caractère réellement scientifique. Mais loin d'être comminatoire, la décision fut d'effet immédiat : elle fut l'occasion pour les autorités tant académiques que politiques d'assainir réellement le milieu universitaire de tous les éléments indésirables.

Les enseignants zaïrois, ceux du supérieur davantage encore que ceux du primaire et du secondaire, se sont toujours considérés comme les laissés-pour-compte du régime de Mobutu. L'explication la plus couramment avancée était que le président, lui-même autodidacte de son état, en voulait à tous les intellectuels du pays. On prétendait aussi qu'il n'avait jamais avalé l'affront que lui avait fait un groupe d'enseignants en lui montrant leurs fesses lors des obsèques de sa mère, Mama Yemo. Ce qui est certain, c'est que Mobutu n'était nullement intéressé par le bien-être de n'importe lequel de ses concitoyens. Enfant recueilli, ayant grandi dans des conditions d'extrême pauvreté, l'homme trouvait normal de ne prodiguer *son* argent qu'à ceux qui étaient prêts à ramper servilement devant lui. Une sorte de revanche sur l'adversité qu'il avait connue très tôt.

Finalement, les choses étaient on ne peut plus claires dans le Zaïre de Mobutu : plus on était près du soleil, plus on avait chaud et mieux on était. Les enseignants, eux, étaient très loin du soleil mobutien, ils ne pouvaient donc s'attendre à rien de bon. Ils n'avaient qu'à manger leur craie. Et ils la mangeaient de toutes leurs dents! Fatigués par des grèves répétitives qui ne leur rapportaient que des ennuis, les enseignants zaïrois, tous niveaux confondus, avaient fini par comprendre que leur salut ne dépendait que d'eux-mêmes, qu'ils devaient se prendre eux-mêmes en charge. La chèvre ne broute que l'herbe de l'endroit où elle est attachée...

Comme nos collègues dans les autres instituts supérieurs et universités de la capitale, nous ne comptions plus à l'IPN que sur les frais de contribution exigés de chaque étudiant. Il y en avait, au total, près de six mille et chacun devait débourser cinquante dollars par an. La somme ainsi récoltée – on la désignait pudiquement « frais de transport » - , était répartie entre enseignants selon leurs grades. Dans les établissements où la population estudiantine était plus élevée , comme à l'Université de Kinshasa (près de 15 mille étudiants) ou à l'Institut

Supérieur de Commerce (13 mille), la loi du nombre jouait en faveur des étudiants qui déboursaient moins, mais les frais de transport remis aux enseignants étaient par contre plus consistants encore. Tout à fait le contraire de ce qui se passait dans les petits instituts où l'on trouvait souvent autant d'étudiants que d'enseignants.

Une autre *source de revenu* consistait en la mise en vente des notes de cours, les syllabus : plus on avait de cours et d'étudiants inscrits à ces cours, plus on avait de pognon. Pensez donc : un professeur en médecine ou en droit, à l'Université de Kinshasa, qui devait dispenser un cours à quatre mille étudiants ! Pour les étudiants, il valait mieux acheter le syllabus, car non seulement les ouvrages, lorsqu'on en trouvait, coûtaient les yeux et les oreilles de la tête, mais surtout parce que les enseignants tenaient absolument à ce que leurs syllabus soient vendus. La voracité des enseignants ne s'arrêtait cependant pas là ! Le plus officiellement du monde, ils se faisaient rétribuer la direction des travaux de fin d'études ; les frais pour le mémoire de licence étaient deux fois plus élevés que ceux pour le premier cycle (graduat).

Lorsque, aujourd'hui, il m'arrive de raconter quelques-unes des histoires qui émaillaient quotidiennement nos journées sur les campus estudiantins au Congo-Zaïre, la plupart de mes interlocuteurs croient que je fabule. Ce qui ne m'étonne nullement. Comment admettre, par exemple, qu'un professeur formé dans une célèbre université européenne puisse, en pleine séance de délibération, menacer d'un coutelas ses collègues, coupables de faire échouer ceux de sa tribu ? Et cet autre, bardé de deux doctorats, qui n'hésita pas à déconsidérer sa feuille de cotes, à quelques minutes du début de la délibération, parce qu'il venait d'apprendre que deux étudiants avaient déposé, chez lui, deux jeunes boucs dont les barbichettes ne pouvaient lui inspirer que des sentiments altruistes?

On aurait tort de vouloir confondre la cause et la conséquence. Ces agissements, on ne peut plus dégradants, pouvaient ainsi se comprendre comme des expédients. Ce qui est, par contre, difficile à expliquer, c'est la déchéance dans laquelle pataugeaient inéluctablement tous ceux qui, sortis du lot des miséreux, professeurs d'université, avocats, médecins, etc., étaient régulièrement nommés à de hautes fonctions politiques. Tels des caméléons, tous reproduisaient, à l'ombre du dictateur, ses vices et travers les plus affligeants. Voici ce qu'a écrit à ce propos l'un des rares professeurs congolais qui a eu le courage de décliner les avances du pouvoir mobutien et de préférer en lieu et place l'exil :

Nos princes africains actuels et leurs pouvoirs excessifs signifient catastrophes. L'Afrique paraît aujourd'hui plus misérable qu'hier. Pourquoi l'est-elle ? Est-ce, seulement, à cause des fantaisies de nos princes ? Bien sûr, il y a des cas sans appel un peu partout sur le continent. Une question surgit immédiatement : ces dictateurs ont-ils vraiment acquis leur pouvoir par accident ? Comment expliquer qu'ils aient pu se maintenir pendant de si nombreuses années ? De deux choses l'une : ou leurs compatriotes sont irrémédiablement peureux et accepteraient n'importe quel désastre, ou d'autres forces rendent ces règnes et leurs terreurs possibles. Evidemment, on pourrait, aisément, défaire ce dilemme et me le renvoyer, en retour, comme provocation. De toute façon, là n'est pas le problème. Ma position est simple : pourquoi faudrait-il choisir entre l'esclavage colonial – ou, si l'on préfère des termes plus adéquats, le dressage et l'exploitation coloniaux – et les dictatures néo-coloniales représentées par des princes de pacotille au service de multinationales ?[19]

Qui dit mieux ?

---

[19] V.Y. Mudimbe, *Les Corps glorieux des mots et des êtres. Esquisse d'un jardin africain à la bénédictine.* Paris & Montréal, Présence Africaine, Humanitas, 1994, p. 178.

8

La Voix de son maître

« Kamatenda » que j'ai, aux dires de mon frère aîné, la mauvaise habitude d'abréger en K. (relent de ma passion pour Kafka ?) était le nom de mon grand-père paternel. Il signifie littéralement « celui qui est porté à parler, le parleur ».

Lorsqu'en 1971, Mobutu nous contraint à échanger nos prénoms chrétiens contre des « postnoms » africains *authentiques*, c'est presque naturellement que Kamatenda m'échoit. Dans la foulée, j'en profiterais pour réactiver mon ancien nom de naissance, Simba (qui veut dire lion en swahili) que j'avais dû abandonner pour ne pas être confondu avec les partisans de Lumumba et de son lieutenant Mulele, animateurs d'une sanglante mais non moins populaire rébellion contre les régimes de Kasa-Vubu (1960-1965) et de Mobutu (de 1965 à 1968).

Kamatenda… J'ai en fait toujours été un homme du verbe, celui qui ne manque aucune occasion pour placer un mot, trouver une bonne blague, griffonner une histoire. Cela n'a donc pas surpris outre mesure ceux qui me connaissaient lorsque, un certain jour de mai 1985, ils ont entendu pour la première fois ma voix sur les ondes de La Voix du Zaïre, la radio nationale, émettant depuis Kinshasa. J'étais devenu journaliste, présentateur de nouvelles en français. Quelque temps après, je le ferais également sur Télé-Zaïre, la télévision nationale, devenant même, très vite, pour citer *Pan*, un journal satirique belge qui avait consacré un article à mon tout premier séjour en Belgique[20], le *Patrick Poivre d'Arvor* zaïrois, comme présentateur vedette du 20 heures et animateur de « Notes de lecture », l'unique émission littéraire de la télévision zaïroise.

J'étais moi aussi devenu journaliste, c'est-à-dire pour le commun des Zaïrois un professionnel du mensonge, au même tire que le politicien pour qui il était censé rouler carrosse. Le petit peuple de Kinshasa a d'ailleurs trouvé un savoureux sobriquet pour désigner les journalistes : les *météos* (diminutif de météorologues). Il fut, en effet, un temps où, sur les ondes de La Voix du Zaïre, l'on se passionnait beaucoup de bulletins météorologiques qui tous, malheureusement, s'avéraient faux. Afin de ne pas paraître perpétuellement ridicules, les journalistes décidèrent de ne parler que des prévisions de la veille, les seules à ne pas être prises en défaut. Seulement voilà : les Kinois, eux, avaient maintenu le sobriquet !

A en croire nos aînés dans la profession, notre promotion fut la première (et la dernière) à être recrutée sur concours. Des 400 postulants, tous détenteurs d'un diplôme de licence, dix seulement furent sélectionnés. Une formation théorique mais surtout pratique nous fut dispensée pendant un semestre au Studio École de La Voix

---

[20] Cet épisode, tumultueux, a été fictionnalisé dans *Ici ça va. Récit d'exil.*

du Zaïre[21] par des enseignants de l'Institut Supérieur des Sciences et Techniques de l'Information et par des journalistes expérimentés.

Le P.-D.G. de la Radiodiffusion et Télévision Nationales Congolaises (RTNC) de l'époque, un métis connu pour sa rigueur et son honnêteté, n'avait manifestement pas de penchant particulier pour les « intellectuelles ». Il paya d'ailleurs de son poste sa *naïveté*, lorsqu'il voulut dépolitiser sa maison en prenant au mot le rusé Mobutu qui, sous la pression des événements de 1990, avait publiquement déclaré, la voix cassée par des larmes de caïman, qu'il ne s'opposait plus au processus démocratique au Zaïre.

Le Ministère de l'Information et Presse, désigné pendant un temps « Département de l'Orientation nationale », a toujours été un des piliers majeurs de la dictature de Mobutu, lui-même ancien journaliste. Instrument privilégié de propagande, ce ministère faisait en effet l'objet d'une attention particulière de la part du pouvoir. C'est ainsi que, par exemple, les installations de La Voix du Zaïre étaient non seulement gardées jour et nuit par des éléments armés, mais le choix même du site n'était pas innocent : érigé presque à égale distance de la plus importante garnison militaire du pays, le Camp Kokolo, et de la tristement célèbre Garde Civile, une milice spécialisée pour la répression.

---

21 Avec l'aide de la Coopération française, ce studio a formé une centaine de journalistes africains en provenance, notamment, du Burundi, du Rwanda, du Tchad, de Guinée.

Tout ce qui se disait et se faisait dans la maison devait se conformer scrupuleusement à l'idéologie mobutiste, en tout cas ne pas y apporter de l'ombre. Ainsi était-il impensable aux journalistes et animateurs de la télévision de porter une autre tenue que le fameux *abacost*[22], sans cravate. Ainsi, également, tout journal parlé ou télévisé devait-il impérativement démarrer par des nouvelles en rapport avec Mobutu.

Malgré toute cette attention du pouvoir, le journaliste zaïrois, lui, était pratiquement une quantité négligeable. Son salaire était de misère et rien n'était fait pour améliorer les moyens et les conditions de son travail. Alors que les équipements étaient vieillots, esquintés, le pouvoir politique continuait d'exiger que la radio fonctionne sans interruption, 24 heures sur 24. La raison était toute simple : pour Mobutu, spécialiste des coups tordus, tout arrêt d'émission pouvait signifier un coup d'Etat. Quant à la télévision, seule l'ingéniosité des techniciens permettait à des caméras et autres matériels archaïques de fonctionner encore. Toute tentative de grève était jugulée et les présumés meneurs traqués impitoyablement. N'attendant rien de l'autorité, à part débiter des mensonges, les journalistes s'étaient arrangés pour se prendre eux-mêmes en charge. Et pour justifier leurs indélicatesses, ils avaient à la bouche la maxime bien connue: la chèvre ne broute que l'herbe de l'endroit où elle est attachée !

---

[22] Déformation de « costume abattu », c'était la tenue officielle du régime, sorte de saharienne tropicale.

Ma nouvelle profession de journaliste, je l'assumais en véritable cumulard, c'est-à-dire comme la quasi majorité de tous les fonctionnaires zaïrois, en mettant au point une stratégie organisationnelle conséquente. Affecté au journal parlé du matin, je devais me réveiller entre 4 heures et 4 heures 30 pour être conduit à la station vers 5 heures, le temps de rédiger le journal pour la grande édition de 6 heures. A 7 heures, nous avions à présenter un bulletin de 10 minutes, tandis qu'un membre de l'équipe, généralement un débutant, restait pour faire un flash à 8 heures et un bulletin de synthèse à 9 heures. Ce qui fait qu'au plus tard à 9 heures, nous étions tous disponibles pour vaquer à nos nombreuses occupations, errer dans la ville à la recherche de l'herbe à brouter.

Il nous est souvent arrivé soit de présenter avec retard le journal, soit de ne pas le présenter du tout et ce pour plusieurs raisons. La plus fréquente était due au passage tardif du car de ramassage, à la suite d'une panne ou tout simplement parce que le conducteur s'en était servi nuitamment pour faire le taxi.

Régulièrement aussi des raisons purement techniques faisaient retarder la présentation du fameux journal. Notre principale source de nouvelles, l'Agence Zaïroise de Presse (Azap), était depuis longtemps en rupture d'abonnements auprès des grandes agences internationales (AFP, Belga, Reuters, UAPI, etc.). Il y avait, certes, un télescripteur de relais dans notre salle de rédaction, je serais cependant incapable de compter le nombre de fois où je l'ai vraiment entendu crachoter. En réalité, il faisait plutôt partie du décor.

Faute de dépêches fraîches à *bâtonner*[23], nous n'avions le plus souvent d'autre solution, en plus des inévitables éditoriaux dits « Cartes blanches » et autres communiqués officiels, que réchauffer les informations données la veille par nos confrères, rhabiller les nouvelles diffusées par Radio France International et par la Voix de l'Amérique qu'un de nos agents enregistrait avant de nous les retranscrire, ou alors exploiter les nombreux reportages effectués par nos confrères.

Plus tard, lorsque je suis passé à la télévision, c'est à un autre rythme de travail que je dus me soumettre, bien que l'environnement professionnel soit resté le même. J'étais tenu à me trouver à la station à 16 heures au plus tard afin de participer au conseil de rédaction. C'est de ce conseil que sortait le conducteur du journal de 20 heures, indispensable référence pour le présentateur que j'étais. Censé être confectionné par toute la rédaction, il constituait, en effet, la seule arme que nous avions pour nous justifier face à ceux qui, autorités, personnalités influentes ou confrères, ne trouvaient pas leur compte dans le journal.

Comme je l'ai dit plus haut, mes occupations, notamment d'enseignant, ne me permettaient guère de traîner à la station ; ce qui fait que je m'étais d'office exclu de la chasse à la chèvre journalistique. Dans le jargon du métier, cette espèce de chèvre s'appelle « coupage ».

---

[23] Signifie en jargon journalistique reproduire presque telles quelles les dépêches en gommant juste certaines formules d'usage.

Tous les journalistes zaïrois, qu'ils soient de la presse audiovisuelle ou écrite, courent après le coupage. Un bon « coupeur », c'est le ministre, le haut fonctionnaire ou l'homme d'affaire qui, après le reportage autour de l'événement qu'il a créé, ou après l'interview qu'il vous a accordée, vous glisse une enveloppe... pour les haricots des enfants. Son reportage ou son interview deviennent si intéressants que les autres confrères, coupés à leur tour par le reporter chanceux, les repassent plusieurs fois enrobés de commentaires proportionnels à la générosité déployée.

Les reporters connaissaient les bons coupeurs ; il arrivait d'ailleurs fréquemment qu'ils se disputent la couverture de tel événement chez telle personnalité. Parfois même, certains inventaient carrément l'événement en question, par complaisance envers leurs bienfaiteurs dont ils étaient devenus des attachés de presse officieux. A nous les présentateurs, ils nous jetaient à l'occasion des miettes soi-disant pour nous motiver, c'est-à-dire pour que nous puissions lire avec conviction leurs papiers. Ils étaient convaincus que nous gagnions plus qu'eux, vu que nous étions censés recevoir quelque chose de tous les reporters. Ce qui était loin d'être toujours le cas.

En fait, pour le présentateur du journal télévisé ou du journal parlé, la bonne affaire consistait plutôt à inviter une personnalité sur le plateau. Même lorsque celle-ci était choisie par la hiérarchie, il était courant qu'elle se montre généreuse après sa prestation, car sa carrière politique future ou présente en dépendait très souvent. L'enveloppe provoquait régulièrement de la discorde parmi les membres de l'équipe, le journaliste refusant de partager ou de partager équitablement ce qu'il estimait être son dû. Son principal argument était qu'il était le seul à courir le risque d'être censuré, suspendu, voire révoqué ou arrêté.

Un confrère s'est ainsi vu arrêté parce qu'il avait tout bêtement parlé de « l'actuelle » épouse du chef de l'État . Un autre avait inopinément repris la dépêche de RFI annonçant la présence en Europe de Mobutu, oubliant que toute nouvelle en rapport avec le P.F.[24] devait revêtir l'imprimatur de la hiérarchie.

Faire du journalisme sous Mobutu, c'était aussi accepter de vivre au-dessus de ses moyens, sacrifier à l'exhibitionnisme, au vedettariat. Je me souviens que bien des confrères ne disposaient en tout et pour tout que d'une veste, toujours la même, pour présenter le journal. Et pour que cette veste soit toujours impeccable, il fallait non seulement ne jamais la ramener à la maison, mais encore, au risque de se la faire piquer, lui trouver chaque jour une nouvelle cachette dans les multiples placards de la RTNC.

Malgré le coupage ou plutôt à cause du coupage, bien des confrères tiraient perpétuellement le diable par la queue, vivant constamment dans l'espoir d'une meilleure cueillette alors qu'ils dilapidaient automatiquement leur butin du jour. Tout un commerce de bières et de mangeailles florissait à l'intérieur de la maison de la radio et de la télévision. Certains préféraient, cependant, se li-

---

[24] Président-Fondateur (du Mouvement Populaire de la Révolution), le Père de la Nation, le Guide éclairé, Maréchal, autant d'appellations contrôlées qu'il était de bon ton d'utiliser pour désigner Mobutu.

vrer discrètement à leurs libations dans les *nganda* qui pullulaient à Lingwala, la commune proche.

On aurait tort de penser que le mal avait enchaîné toutes les consciences ; certes, l'ambiance était tragiquement délétère, mais il y avait toujours dans cette « cité du mensonge » quelques femmes et hommes courageux qui résistaient à l'indignité, qui accomplissaient honnêtement leur profession. Et ce n'était pas toujours les plus nantis intellectuellement ! C'est, néanmoins, une poignée de jeunes universitaires, outrés par le cynisme et l'irresponsabilité avec lesquels l'autorité politique gérait la RTNC, qui décidèrent de relever le défi, celui d'accompagner, au niveau de l'audiovisuel public, le lent processus démocratique national. Regroupés autour de l'Association pour une Presse Audiovisuelle Responsable et Démocratique (APARD), ces jeunes gens entendaient exercer en toute indépendance leur profession en rompant définitivement avec la conception monolithique du journalisme qui faisait d'eux des griots au service du régime. L'un après l'autre, les journalistes de l'APARD furent impitoyablement traqués, interdits d'antenne, révoqués ou mis aux arrêts. Mais sur le terrain de la presse, le combat était désormais perdu pour le pouvoir dictatorial...

9

Dans l'arène du pouvoir

Aujourd'hui, je peux le dire et le clamer tout haut : comme citoyen du Congo-Zaïre, j'ai eu de la chance, beaucoup de chance. Je me considère comme un homme comblé ! Un homme qui aura presque tout vu, tout connu, tout fait ! Et qui est toujours indemne, et qui s'est conservé, et qui est resté le même : primesautier, poète, rebelle et amoureux de la vie !

Emmailloté dès mon jeune âge dans les langes de la modernité, j'appris que pour être quelqu'un dans la vie il fallait faire des études. A 23 ans, j'avais mon diplôme universitaire en poche. Mais pour en faire quoi ?

Né dans une famille nombreuse (12 enfants) dont les parents, après la parenthèse militaire du temps de la colonie, n'étaient plus que des cultivateurs de terre, je voulus devenir un jour prêtre catholique afin de contribuer à l'avènement d'une société moins injuste où les citoyens seraient honnêtes et heureux. Après quatre années d'une formation studieuse et rigoriste au Séminaire de Mungombe, on me fit comprendre que ma vocation était ailleurs.

Je me pris alors de passion pour le métier d'enseignant. L'enseignant a toujours été pour moi plus qu'un dispensateur du savoir : c'est l'ami de la vérité et du progrès, l'ennemi de l'obscurantisme et du mensonge.

Hélas, les autorités de mon pays n'avaient de cesse que de vider ce beau métier de toute considération en clochardisant ceux qui s'y adonnaient. Et ils y sont presque parvenus comme l'illustre bien le fléau du *citancisme* au Kasaï, et d'une manière générale, dans tout le Congo : la course à l'argent facile et à l'enrichissement rapide, l'exhibitionnisme, l'arrogance et le mépris vis-à-vis de tout ce qui est en rapport avec l'école, les études. On connaît la devise des *citancistes* : « *Fualansa mfulanga ani ?* » (le français et l'instruction valent-ils l'argent ?)[25].

Refusant de me laisser faire, c'est-à-dire de sacrifier à la fatalité, je décidai d'aller camper mes illusions dans la cour même du pouvoir. Ma secrète ambition : à défaut d'y imprimer mes marques, retirer au moins la satisfaction d'y semer la subversion. Je me fis journaliste, c'est-à-dire gestionnaire de la parole, métier de tous les risques dans cette Afrique où le verbe est au centre de tout. Combien de fois, dans ma brève carrière de journaliste à l'audiovisuel public (1985-1997) ai-je écopé des sanctions contre mon insubordination ? Blâmes, suspensions d'antenne, privations de traitement, mises à pied, j'ai tout connu jusqu'à la révocation, une première fois sous Mobutu et une seconde fois sous Mzee Kabila. Rien d'étonnant à ce que je ne pus jamais bénéficier d'une promotion en grade, malgré le fait que mes supérieurs hiérarchiques ne trouvaient rien à redire sur mes qualités de

---

25 Lire Kambayi Bwatshia & Mudinga Mukendi, *Le Citancisme au cœur de l'évolution de la société Luba-Kasaï (Sens et non sens d'une mentalité)*. Kinshasa, 1991, 149 p. [édité par les auteurs]

journaliste. J'étais un mauvais militant, un citoyen douteux, un journaliste indocile, qui n'en faisait qu'à sa tête.

Du journalisme à la politique, il n'y a qu'un pas. Je l'ai franchi en devenant en 1991 Conseiller de Presse et de Culture dans le cabinet du Premier Ministre E. Tshisekedi, chef du gouvernement éphémère mis en place par la Conférence Nationale Souveraine (1992-1993). Comme ce gouvernement n'avait pas de ministre chargé de l'Information et Presse, c'est pratiquement moi qui assumais officieusement cette fonction. Seulement à l'époque, toute la vie nationale était paralysée, prise en otage par la rivalité que se vouaient Mobutu et son opposant privilégié. Tout le travail du cabinet consistait donc à gérer la crise artificielle que ces deux personnalités se plaisaient à entretenir. Je ne me souviens pas d'un seul dossier, même relevant de la pure administration, que l'un ou l'autre conseiller a eu à traiter et qui ait été finalisé. Les dossiers partaient mais ne revenaient jamais. Par contre, plus d'une fois, il nous a été donné d'apercevoir dans la salle d'attente du bureau du premier ministre, entre chien et loup, des proches collaborateurs du dictateur... Que venaient-ils faire chez l'homme que tous les partisans de Mobutu vouaient officiellement aux gémonies? Et pourquoi ne venaient-ils qu'à pareil moment?

Nous passions le plus clair de notre temps dans des réunions interminables afin d'affûter des stratégies politiques pour contrer justement le dictateur, des stratégies qui étaient aussitôt communiquées au Mont-Ngaliema, à la présidence de la République. Un de nos collègues devenu aujourd'hui l'une des bêtes de la scène politique congolaise avait pour occupation favorite de préparer des *journées ville morte*. Et dire que c'est nous qui étions censés exercer le pouvoir ! L'hebdomadaire parisien *Jeune Afrique* a bien souligné la cocasserie de cette situation en qualifiant Tshisekedi de farouche opposant à Mobutu lorsqu'il était associé au pouvoir mais de proche de ce dernier lorsqu'il se trouvait dans l'opposition.

L'un des épisodes grotesques de la rivalité entre Mobutu et Tshisekedi fut la bataille pour gérer la banque nationale. La présidence avait besoin d'avoir la mainmise sur les coffres-forts de l'avenue Tshatshi pour mener à bien l'opération généralisée d'achat des consciences à laquelle elle se livrait alors. D'où le recours fréquent à la planche à billets. Et quels billets ? Des paperasses à valeur faciale de plus en plus grande, dont les fameux *mikomboso*, les chimpanzés qui ornaient les billets de cinq millions de Zaïres. La population n'en voulait pas, par crainte de voir l'inflation galoper de plus belle. Pour contraindre les gens à *manger* ses *mikomboso,* Mobutu fit disparaître de la circulation les autres coupures. Il ignorait que le gouvernement faisait imprimer en Allemagne le billet d'un million...

Lorsque les malles d'argent arrivèrent, je fus chargé d'aller annoncer la bonne nouvelle à la télévision. La mission était très dangereuse. La RTNC, contrôlée par des partisans de Mobutu, censurait tout ce qui venait de la Primature, et bien qu'appartenant toujours à la maison, je n'y étais plus le bienvenu. Je savais toutefois que je pouvais à tout moment bénéficier de la complicité active des confrères de l'APARD. Je parvins donc à m'introduire dans le studio en pleine présentation du journal télévisé de 13 heures. Je lançai ma bombe et m'éclipsai aussitôt avant que ne débarquent les sbires de Mobutu envoyés pour me cueillir. Je dus me cacher pendant quelques jours pour échapper à une éventuelle traque.

Mon sort, notre sort était cependant scellé. Peu de temps après, en effet, le dictateur limogea son premier ministre. Et comme ce dernier refusait d'obtempérer, des chars furent envoyés à la Primature pour nous déloger de force. Je réussis à établir une liaison clandestine avec la radio nationale et pus retransmettre en direct ce qui n'était rien d'autre qu'un énième coup de force de Mobutu. Ma révocation de la RTNC ne tarda pas à tomber, au motif surréaliste de désertion de service, moi qui étais officiellement en situation de détachement auprès du cabinet du premier ministre.

De juin 1993 à mai 1997, j'ai participé à l'implantation de deux radios privées à Kinshasa. D'abord *Radio Elikya* de l'Archidiocèse de Kinshasa. Avec quelques confrères, nous avons recruté et formé l'équipe des animateurs de ce qui était appelé à devenir une radio communautaire pour le développement. Bien vite, cependant, il s'avéra difficile de se démarquer réellement des habitudes de la chapelle. Nous ne voulions pas d'une radio religieuse *stricto sensu*, mais c'était sans compter avec le dogmatisme de ceux qui n'étaient guère disposés à étendre l'audience au-delà des fidèles purs et durs. Pour avoir donné la parole à deux catholiques qui ne cachaient pas leurs sympathies rosicruciennes, je fus verbalement relevé de mes fonctions de directeur de programmes. Je n'attendis pas d'être révoqué par les deux jeunes abbés que j'avais initiés au journalisme et qui dirigeaient de fait la radio, je m'éclipsai de moi-même.

Ensuite, ce fut *Radio Raga*, une chaîne commerciale privée. Bien que chargé de programmes, je considérais ma collaboration à ce projet en termes purement alimentaires. Le patron, un jeune Levantin né et grandi au Zaïre, avait comme unique préoccupation de faire fructifier l'argent des investisseurs en évitant scrupuleusement de heurter l'autorité politique. C'est ainsi que nous évitions de parler de l'actualité, ou d'aborder des questions de politique nationale. Pour informer nos auditeurs, nous faisions de fréquents décrochages avec la BBC et la Voix de l'Amérique. Ce qui contribua à accroître notre audience.

J'étais à *Radio Raga* lorsque Kabila a surgi dans le paysage politique congolais. Comme la plupart de mes compatriotes excédés par l'arrogance d'une dictature cleptomane et les incohérences d'une opposition opportuniste, j'ai salué l'avènement de l'homme qui nous venait du maquis d'Hewa Bora. En mai 1997, une bonne partie des journalistes membres de l'APARD ne travaillait plus à la RTNC. C'est à eux que les hommes de Kabila s'adressèrent pour gérer l'information. Parmi les conditions que nous avions posées pour reprendre du service, nous n'avions pas voulu transiger sur celle relative à notre indépendance vis-à-vis du pouvoir politique. Nos interlocuteurs n'insistèrent pas. De toutes les façons, ils n'avaient pas d'autre choix à ce moment-là, car s'ils tenaient à ce que la presse audiovisuelle publique retrouve de la crédibilité, ils n'avaient qu'à recourir à des journalistes compétents et qui ne s'étaient pas acoquinés avec le pouvoir défunt. Mais le problème consistait-il à déshabiller Saint Pierre pour habiller Saint Paul ? Les plus futés d'entre les hommes du nouveau pouvoir croyaient sans doute qu'ils nous auraient à l'usure. Ils se trompèrent : ils ne tardèrent pas à réaliser qu'ils avaient recruté non pas des griots, mais des journalistes professionnels soucieux de leur crédibilité.

Le 25 octobre 1997, soit moins de 4 mois après mon intégration, j'étais le tout premier journaliste de l'audiovisuel public à être révoqué pour avoir osé « braver l'autorité hiérarchique de la RTNC », avoir fait montre d'un « comportement irresponsable (...) qui frise le mépris total des hommes appelés à conduire ce pays à un changement total ».

Le drame de Kabila, c'est que le pouvoir lui était tombé entre les mains lorsqu'il n'y croyait plus, ne s'y intéressait même plus. Béchir Ben Yahmed a eu les mots les plus justes pour caractériser le parcours de cet homme : « L'ambition dont on n'a pas la compétence est un crime »[26]. Il aurait pu en dire tout autant de tous ceux qui, telles des mouches, l'avaient suivi à Kinshasa afin de se

---

[26] *Jeune Afrique / l'Intelligent*, n°2089 (janvier 2001), p.4.

partager la dépouille mielleuse de Mobutu ! Ces messieurs, éprouvés par un long exil miséreux – on les avait vus, à leur arrivée, aussi maigres que des clous -, ne rêvaient que de deux choses : se remplir la panse et les poches. D'où le sobriquet d'*Occasions d'Europe* que les Kinois leur affublèrent !

Dans les hôtels Memling et Intercontinental où nos *libérateurs* étaient logés et nourris aux frais de la République, c'était chaque jour des scènes de ripailles et de libations que Gargantua aurait enviées. Le directeur de cabinet de notre nouveau ministre de l'information, par exemple, pourtant un ancien animateur à la radio nationale, qui revenait d'un long exil en France où il était, semble-t-il, gardien d'immeubles, avait fait du restaurant au dix-huitième étage de la tour de la télévision son bureau de travail, en fait son lieu des rendez-vous mondains. Quant à son patron, l'information et la presse étaient les derniers de ses soucis. Deux fois, au moins, des militaires, faisant la ronde la nuit, l'avaient extrait de son énième voiture de fonction tombée dans un ravin, inconscient et sous une monticule de flacons de whisky. Ses collègues ne valaient guère mieux !

La diaspora, ou plutôt la *diaspourrie* comme disait le petit peuple de Kinshasa, s'illustra vite par son incompétence et son incurie, à tel point que beaucoup de gens commencèrent à regretter Mobutu. « Il volait et pillait le pays, disait-on, mais il avait quand même des manières… ».

Mobutu avait-il des *manières* qui puissent

l'absoudre, ou tout au moins lui valoir des circonstances atténuantes ? Un tel discours rappelait plutôt l'étrange et scandaleuse recommandation du dictateur congolais lui-même à l'endroit de ses collaborateurs : « Même si vous volez, volez avec des manières ! Faites-le malicieusement !»[27]

En fait, excepté quelques suppôts du mobutisme, les Congolais, dans leur grande majorité, avaient plutôt accueilli très favorablement l'avènement du régime Kabila. Tous espéraient, croyaient à un nouveau départ pour le Congo, à l'instauration d'un État de droit. Et le nouveau pouvoir multiplia des signaux positifs qui auguraient d'un changement radical : reprise du travail dans tous les secteurs de la vie nationale, notamment dans la Fonction publique et l'enseignement national ; sécurité des biens et des personnes assurée ; hygiène et salubrité publiques également assurées ; chasse à la corruption avec la création, par exemple, de l'*Office des Biens mal acquis* pour traquer tous les intouchables et les mauvais gestionnaires publics ; etc.

Le printemps kabiliste fut hélas de courte durée ! Très vite, à l'instar du précédent régime, le discours révolutionnaire commença à jurer avec des pratiques indélicates dans la gestion des affaires publiques. Et bien avant que la nouvelle guerre déclenchée en août 1998 ne devienne le prétexte à tout, le désaveu populaire était manifeste. Il n'était rien d'autre que l'expression d'un désenchantement face à tant d'espoir suscité par l'arrivée de

---

[27] En lingala : « *Ata boyibaka, boyiba na mayele !* »

Kabila. « Seul le conducteur a changé, mais le tacot est resté le même », aimait ironiser de son vivant l'indécrottable Ya Mungul.

Il ne fallait plus être sorcier pour comprendre que le kabilisme était désormais le nouveau nom du mobutisme. Bientôt, d'ailleurs, nombre de barons de la défunte dictature, alors en exil, regagnèrent le pays, pour récupérer leurs biens mal acquis et surtout pour retrouver leurs pairs qui n'avaient pu fuir et qui avaient déjà retourné leur veste, mieux, leur abacost.

On comprend ainsi pourquoi l'image que la population congolaise s'est toujours faite de l'État soit celle d'un appareil de répression et d'injustice, un appareil auquel elle ne peut faire confiance et dont elle n'attend rien de bon. Bien au contraire, il lui paraît chaque fois impératif d'imaginer et de développer des comportements de survie.

Cette image négative de l'État est avant tout perçue à travers les hommes qui l'incarnent, le servent ou s'en servent. Le surnom donné à Henry Morton Stanley (1841-1904) «*Mbula Matari* » (= le casseur de pierres) pour souligner à la fois ses qualités de bâtisseur de l'empire léopoldien et son caractère de chef violent, brutal fut ainsi également attribué à tous ses successeurs, belges et congolais. Bien plus, les *Mbula Matari* congolais ayant globalement échoué dans leur gestion de l'indépendance furent désignés par la population comme des « *Mindele Ndombe* », c'est-à-dire des Blancs à peau noire…

L'image négative de l'État congolais dépasse,

cependant, l'idée que la population peut avoir eu de différents *Mbula Matari.* Elle est davantage tributaire de la manière dont le pouvoir a toujours été exercé, voire de l'essence dont il se réclame. On le voit, notamment, avec la philosophie de recours à l'authenticité africaine de Mobutu, qui n'aura en fait été qu'un pâle retour aux méthodes de gestion léopoldiennes :

«La lecture critique des innovations mobutiennes a démontré, révèle l'historien congolais Isidore Ndaywel, que la politique de l'authenticité sous les assauts de la crise économique, a conduit plus sûrement encore à une reprise en charge des recettes coloniales. Les analogies existantes touchent même les domaines les plus inattendus, depuis la simple symbolique, royale et présidentielle, jusqu'aux options économiques en passant par les choix politiques »[28].

Le fait de se considérer comme une *chèvre* face à cet État peut donc, à un premier niveau, vouloir signifier que l'on se considère comme une victime, une sorte de *Koda Kombo* qui a l'habitude de subir toutes les exactions possibles, d'endurer toutes les frustrations, celui qui broute, mange de l'herbe, au propre comme au figuré, pendant que les autres se régalent de la bonne chair.

---

[28]Ndaywel è Nziem (Isidore), *Histoire générale du Congo. De l'héritage ancien à la République Démocratique*. Préface de Théophile Obenga. Postface de Pierre Salmon. Paris-Bruxelles, De Boeck & Larcier, 1998, p. 810.

À un second niveau, se considérer comme une *chèvre* pourrait signifier que malgré les difficultés, malgré les contraintes, il est toujours possible de tirer son épingle du jeu, de défier l'adversité. Cet optimisme peut se traduire, dans le quotidien, par la pratique de la corruption et de la prévarication, mais il peut aussi augurer d'une volonté de se prendre soi-même en charge, de ne pas attendre la manne d'un ciel lointain, où se vautrent des dirigeants irresponsables. C'est dans ce sens-là qu'il ne sied point de désespérer des *chèvres congolaises*, car il n'y a pas de mauvais troupeau de chèvres mais plutôt de mauvais bergers…

Table des matières

LES BANYAMULENGE (CONGO-ZAÏRE) ENTRE DEUX GUERRES
Manassé (Müller) RUHIMBIKA
Préface de B. JEWSIEWICKI
Les Banyamulenge fort controversés, accusées par leurs compatriotes de tous les maux qui accablent leur pays, le Congo-Kinshasa, pris entre le marteau et l'enclume, entre l'ethnie et la nation, entre deux guerres – l'une d'occupation étrangère, l'autre d'épuration ethnique – peuvent enfin avoir un porte –voix pour dire qui ils sont, ce qu'ils veulent et ce qu'ils ne veulent pas. A travers, l'un des siens, issu de la société civile et agissant comme clarificateur, cette discrète communauté montagnarde des Hauts Plateaux du Sud-Kivu exprime son anxiété face à une condition devenue aujourd'hui semble-t-il inextricable.
(Coll. Mémoires et lieux de savoir, 292p, 22.90 €, 150.21f)
ISBN 2-7475-0363-1

MOURIR AU KIVU
Du génocide Tutsi aux massacres dans l'Est du Congo-RDC
Ambroise BULMABO KATAMBU
Sans prétendre tout révéler sur les enjeux de la deuxième " guerre de libération " ni aboutir à une présentation complète et objective des faits, cet ouvrage constitue un début des efforts, aussi modestes soient-ils, qui tendent à éclairer l'opinion sur les moments précédant le déclenchement des hostilités armées, et la confusion qui s'ensuivit.
(Coll Points de vue, 184p, 110.20f, 16.80 €) *ISBN 2-7384-9786-1*

NATIONALITÉ ET CITOYENNETÉ AU CONGO/KINSHASA
Le cas du Kivu
Célestin NGUYA-NDILA MALENGANA
La province du Kivu en R-D Congo est agitée depuis longtemps par la question posée, et non réglée à ce jour, de la nationalité de certains de ses habitants rwandophones. L'auteur, juriste reconnu, revisite les diverses étapes légiférant cette question épineuse, largement instrumentalisée par les élites locales et source de conflits armés actuels internes au Kivu. Il analyse la possibilité de mise en adéquation des lois nationales avec les accords entre Etats voisins et avec les conventions internationales signées par la R-D Congo.
(Coll. Etudes africaines, 310p, 160.05f, 24.40 €) *ISBN 2-7384-9785-3*

ETHNOGENÈSE ET NATIONALISME EN AFRIQUE CENTRALE
Aux racines de Patrice LUMUMBA
Thomas TURNER. Préfacé par Crawford YOUNG
Avec cette monumentale monographie, Thomas Turner s'est consacré à l'étude des dynamiques identitaires dans la communauté ethnique des Tetela. Le fil directeur est L'ETHNOGENÈSE : comment le sentiment d'appartenance tetela s'est-il durci au contact d'une multiplicité d'identités locales ? Le plus célèbre des fils du pays tetela, Patrice Lumumba leur a donné une visibilité politique renouvelée. La vision radicale du nationalisme congolais continue à ce jour d'influencer la politique nationale.
(Coll. Congo-Zaïre - Histoire & Société, 456p, 250.25f, 38.15 €)
SBN 2-7384-7322-9

FUIR OU MOURIR AU ZAÏRE
Le vécu d'une Réfugiée Rwandaise
Marie Béatrice UMUTESI
L'auteur, une réfugiée parmi les centaines de milliers de condamnés, a réussi à passer à travers tous les massacres et les pièges. Elle témoigne pour que l'Histoire de cette gigantesque chasse à l'homme au grand jour se fasse et que les responsables politico-militaires soient poursuivis pour « crimes contre l'humanité ».
(Coll. Mémoires lieux de savoir, 312p, 21,35€,140.05f) ISBN 2-7384-8353

L'UDPS FACE À LA CRISE CONGOLAISE
UDPS-BELUX
L'UDPS, depuis 1980, a largement démontré la nécessité de sa présence. Cet « aide-mémoire » est destiné à réhabiliter le politique dans un pays dévasté et étêté. Il donne à connaître la position du Parti le mieux implanté territorialement sur une possible sortie de la crise. Les mémorandums, déclarations, prises de position les plus récentes de son dirigeant historique, Etienne Tshisekedi, figurent en annexes.
(Coll. Points de vue, 176p, 90,19f, 13.75 €) ISBN 2-7384-8355-0

KINSHASA , SIGNES DE VIE
Lye Mudaba YOKA
L'auteur traque avec obstination les signes et les sens d'une culture urbaine bouillonnante, exprimant, à travers codes et masques variés, le profond appétit de vivre qui anime le peuple kinois. Les textes rassemblés ici abordent, analysent, commentent les valeurs et comportements d'une société tiraillée entre les forces contraignantes et souvent contradictoires : l'Economique, le Politique, le Religieux.
(Coll. Cahiers africains n°42, 110.20f, 16.80 €, 168p) ISBN 2-7384-8678-9

CONGO/ZAÏRE LA FAILLITE D'UN PAYS
Déséquilibre macro-économique et ajustements (1988-1999)
Gaston MUTAMBA LUKUSA
Cahiers africains n° 37-38
L'auteur analyse les évolutions de la période 1988-1999 - évolutions qui ont mené le pays à la banqueroute - sur base d'une expérience personnelle accumulée à la primature et dans différents cabinets ministériels. Son constat est sévère : corruption, hyper-inflation, mauvaise gestion macro-économique, guerre " civile " des pays voisins entraînant l'aggravation de la situation économique sécuritaire et la dégradation de l'activité économique.
(190p, 120.04f, 18.30 €) *ISBN 2-7384-8359-3*

L'ÉCONOMIE PARALLÈLE DE LA RDC
Taux de change et dynamique de l'hyperinflation au Congo
Claude SUMATA. Préface de Michel NORRO
Durant la décennie 90, la République Démocratique du Congo a connu une grave crise politique et économique marquée par la guerre civile et l'hyperinflation. Ce livre analyse les raisons structurelles d'une telle crise économique en expliquant la responsabilité du marché parallèle des devises dans le processus de hausse cumulative des prix. La démarche de l'auteur dépasse la seule dimension monétaire et financière, en s'insérant dans une étude globale de la société congolaise.
(Coll. Sociétés africaines & diaspora, 310p, 24.40€, 160.05f)
ISBN 2-7475-0910-7

L'ESPACE MONÉTAIRE KASAIEN
Crise de légitimité et de souveraineté monétaire en période d'hyperinflation au Congo (1993-1997)
François KABUYA KALALA et Mapon MATATA PONYO
Voulant mettre fin au dysfonctionnement croissant de l'économie, le gouvernement du Congo en 1993 engage une réforme monétaire : les anciens billets libellés en « zaïres » sont remplacés par les « nouveaux zaïres ». Contre toute attente une partie du pays (les deux provinces de Kasaï) rejette totalement cette nouvelle monnaie légale, au profit des anciens billets démonétisés. Comment expliquer que dans un même pays coexistent en temps de paix deux monnaies nationales dotées chacune d'un propre espace de circulation ? Quel aura été l'impact économique de cet épisode monétaire ?
(Cahiers africains n°41, 150p, 90,19f, 13.75 €) *ISBN 2-7384-8677-0*

SÉCURITÉ ALIMENTAIRE AU CONGO-KINSHASA
Production, Consommation et Survie
Ed. Kankonde MUKADI & Eric TOLLENS

Les problèmes de survie alimentaire que connaît le Congo actuellement en guerre se retrouvent concentrés dans la mégapole, Kinshasa. Les habitants y apportent diverses solutions pas toujours favorables au milieu naturel. Un état des lieux est nécessaire pour cerner la « sécurité alimentaire ». Les Plans d'Ajustement Structurels (PAS) introduits par la Banque Mondiale depuis les années 1980 dans l'économie agricole congolaise ont eu un impact au niveau de la sécurité alimentaire et il faut aujourd'hui redéfinir un nouveau cadre à cet « ajustement ».

(Coll. Congo-Zaïre – Histoire & Société, 478p, 260.09f, 39.65 €)

ISBN 2-7475-9777-2

LE TRANSFERT DU SAVOIR AGRICOLE AU CONGO-ZAÏRE
Héritage colonial et Recherche agronomique
Wemo MENGE. Préface de Patrick PETITJEAN

A partir de cet exemple historique, analysé sur plus de trois générations de paysans congolais, l'ouvrage projette une méthodologie pour le nécessaire changement du protocole de la recherche agricole au Congo indépendant. Une politique et des stratégies nouvelles sont proposées visant à intégrer la science à la vie quotidienne, c'est à dire à réapproprier le savoir aux autochtones.

(Coll. Etudes Africaines, 226p, 18.30€, 120.04f, 18.30 €.)

ISBN 2-7374-9784-5

JEUNESSE, FORMATION ET SOCIÉTÉ AU CONGO/KINSHASA 1890-1960
Charles TSHIMANGA. Préface de Catherine COQUERY-VIDROVITCH
Postface de Benoît VERHAEGEN

L'ouvrage décrit avec une précision inégalée le système d'éducation et de formation sociale mis en place par le colonisateur belge au Congo. Il fournit des éléments de réponse à cette question fondamentale : Le système de formation est-il la cause du chaos congolais depuis 1960 ? L'étude souligne les contradictions entre l'objectif du colonisateur (l'exploitation économique) et le pouvoir émancipateur de l'éducation.

(Coll. Congo-Zaïre- Histoire et Société, 448p, 240.08f, 36.60 €)

SBN 2-7384-8680-0

DE L'UNION MINIÈRE DU HAUT-KATANGA A LA GÉCAMINES
Jean-Jacques SAQUET
En 1948, l'auteur arrive au Congo-Belge pour servir comme ingénieur au sein de l'Union Minière du Haut-Katanga, où il participe au progrès économique et social des années d'après-guerre. Les turbulences commencent en 1960 avec la proclamation de l'indépendance congolaise. Fin 1966, l'Union Minière devient dans une entreprise nationalisée sous le nom de « Société générale des Carrières et des Mines » (Gécamines). Jusqu'en 1974, la collaboration entre Bruxelles et Kinshasa semble possible. Ces mémoires nous retrace la véritable histoire de l'Union Minière-Gécamines autant que celle du Katanga-Shaba.
(Coll. Archives Congolaises, 256p, 19,85€, 130.21f) ISBN 2-7384-9776-4

MÉMOIRES DE LUBUMBASHI : IMAGES, OBJETS, PAROLES. UKUMBUSHO (SOUVENIR)
Edité par Violaine SIZAIRE
Cet ouvrage fait suite au catalogue d'une exposition qui s'est tenue au Musée de Lubumbashi en avril 2000. Il s'agissait pour les organisateurs de rapporter concrètement l'histoire des cultures et mémoires urbaines de la capitale du Katanga minier, en rassemblant des objets-témoins, des images-souvenirs (photos ou peintures), des paroles de Lushois évoquant des moments forts d'une existence.
(Coll. Mémoires lieux de savoir, Archive congolaise, 14,50€, 95.11f, 182p)
ISBN : 2-7475-0800-5

BANA SHABA ABANDONNÉS PAR LEUR PÈRE : STRUCTURES DE L'AUTORITÉ ET HISTOIRE SOCIALE DE LA FAMILLE OUVRIÈRE AU KATANGA 1910-1997
Donatien DIBWE DIA MWEMBU
Préface de Peter GESCHIERE et B. JEWSIEWICKI
Ce livre analyse l'histoire de la famille ouvrière à l'époque de l'Union minière du Haut-Katanga et ensuite de la Gécamines. La famille était au cœur de l'identité des Bana Shaba (les enfants du cuivre). Le statut de salarié marquait la dépendance de l'homme au travail industriel, tout comme il marquait la dépendance de la famille à la condition salariale de son chef. La crise des années 1990 y a brutalement mis fin : ce qui était fondamental pour l'identité des Ban Shaba fait soudainement défaut.
(Collection Mémoire lieux de savoir- archive congolaise, 260p, 21,35€, 140.05f) ISBN 2-7475-0365-8

LE CAMPUS MARTYR. Lubumbashi 11-12 mai 1990

Muela NGALAMULUME NKONGOLO. Préface de B.JEWSIEWICKI et V.Y MUDIMBE. Postface de M.VEYS

L'ouverture démocratique, décrétée le 24 avril 1990 par le dictateur lui-même, a aussitôt été bloquée par une volte-face officielle suivie d'un « avertissement » sanglant aux démocrates : dans la nuit du 11 au 12 mai 1990, des paracommandos mobutistes ont été débarqués sur le campus du Lubumbashi où ils ont massacré sélectivement des dizaines d'étudiants taxés d'anti-régime ; leur corps ont disparu et les familles des victimes n'ont pu se plaindre. Le massacre de Lubumbashi marque le début de la première désolidarisation des États occidentaux d'avec Mobutu.

(Coll. Archives Congolaises, 354p, 170.22f, 25.95 €) *ISBN 2-7384-7338-5*

RÉCITS DE LIBÉRATION D'UNE VILLE
Lubumbashi

Archive Congolaise II. Préface de B. JEWSIEWICKI

À Lubumbashi en juillet 1997, tous voulaient contribuer à la transformation de l'ordre social et du régime politique congolais. Les textes rédigés par les acteurs locaux eux-mêmes donnent des déclarations de principes, des souhaits d'universitaires, pour remettre le pays dans le concert des nations, des analyses descriptives des mémoires locales.

(Coll. Mémoires Lieux de Savoir, 240p, 120.04f, 18.30 €)

ISBN 2-7384-7324-5

LA DÉSINTÉGRATION DE L'ARMÉE CONGOLAISE DE MOBUTU À KABILA

Colonel Kisukula ABELI MEITHO. Préface de B. JEWSIEWICKI

L'auteur décrit et analyse « du dedans » son expérience du processus de privatisation des Forces Armées Zaïroises (FAZ) : compétition forcenée entre authentiques et prétendus hauts gradés, menant à l'effritement de l'unité de commandement et de la solidarité du métier des armes. Cela, sur un fond de répression aveugle, vrais/faux complots militaires, tribalisme outrancier, détournement des deniers publics, clochardisation des soldats entraînant le racket des populations, duel des chefs (généraux Mahele/Baramoto, Mahele/Eluki), démission passive parmi les militaires.

(Coll. Archives congolaises, 140p, 13,00€, 85.27f) *ISBN 2-7475-8693-2*

LES PRATIQUES DISCURSIVES DU CONGO-BELGE AU CONGO-KINSHASA : une interprétation sociolinguistique
Nyunda ya RUBANGO
Préface de Benoît VERHAEGEN. Post-face de V.Y MUDIMBE
Cette étude analyse divers discours congolais et belges et décode leur fonds linguistique: discours colonial et missionnaire, articles de presse, romans, écrits des premières élites modernes, « affichages » de la diaspora congolaise sur Internet ... Elle contribue aussi, d'une part, au débat théorique sur l'exercice et le destin des sciences humaines africaines et en Afrique, à partir du modèle des sciences et du langage.
(Coll. Congo-Zaïre - Histoire et Société, 368p, 29 €, 190.23f)
ISBN 2-7475-0362-3

ECRIT ET POUVOIR AU CONGO-ZAÏRE (1885-1990)
Un siècle d'analyse bibliologique
Eddie TAMBWE KITENGE BIN KITOKO
L'objet de cet ouvrage s'inscrit dans la problématique générale des rapports – souvent conflictuels – entre l'organisation des médias de masse et le pouvoir politique, au sein d'un espace national. L'auteur interroge les rôles du pouvoir politique dans l'apparition et le développement des modèles d'organisation de la communication écrite au Congo-Zaïre, de la période coloniale à la postcolonie, soit sur un siècle.
(Coll.Etudes Africaines, 24.40€, 160.05f, 320p.) *ISBN :2-7475-0801-3*

ITINÉRAIRES CROISÉS DE LA MODERNITÉ CONGO BELGE (1920-1950)
Sous la direction de Jean-Luc VELLUT
Ces essais dus à de jeunes historiens, abordent différents aspects de la construction d'identités modernes dans l'espace colonial Congo-Belge tels : les activités sociales nouvelles visant la jeunesse (football, scoutisme, association) ; les expériences de la vie urbaine quotidienne ; l'architecture ; la musique. Ces essais montrent la voie d'une histoire coloniale tournant le dos aux orthodoxies chauvines qui ont longtemps été de règle.
(Coll.Cahiers Africains, 304p, 27.45€, 180.06f) *ISBN 2-7475-0576-6*

Achevé d'imprimer par Corlet Numérique - 14110 Condé-sur-Noireau
N° d'Imprimeur : 7336 - Dépôt légal : janvier 2002 - Imprimé sur DemandStream
Imprimé en UE